掌尚文化

Culture Is Future

尚文化·掌天下

本书是国家社会科学基金项目（21BJY227）阶段性成果

RISK COORDINATION MECHANISM OF LOGISTICS SERVICE SUPPLY CHAIN

Whole Process Perspective Based on Supply, Operation and Demand

物流服务供应链风险协调机制

——基于供给、运作与需求的全过程视域

张广胜◎著

经济管理出版社
ECONOMY & MANAGEMENT PUBLISHING HOUSE

图书在版编目（CIP）数据

物流服务供应链风险协调机制：基于供给、运作与需求的全过程视域／张广胜
著. —北京：经济管理出版社，2022.11
ISBN 978-7-5096-8810-6

Ⅰ.①物⋯　Ⅱ.①张⋯　Ⅲ.①物流管理—供应链管理—研究　Ⅳ.①F252

中国版本图书馆 CIP 数据核字（2022）第 215056 号

策划编辑：张鹤溶
责任编辑：张鹤溶
责任印制：黄章平
责任校对：蔡晓臻

出版发行：经济管理出版社
　　　　　（北京市海淀区北蜂窝 8 号中雅大厦 A 座 11 层　100038）
网　　　址：www. E-mp. com. cn
电　　　话：（010）51915602
印　　　刷：唐山昊达印刷有限公司
经　　　销：新华书店
开　　　本：710mm×1000mm /16
印　　　张：11.5
字　　　数：220 千字
版　　　次：2023 年 3 月第 1 版　　2023 年 3 月第 1 次印刷
书　　　号：ISBN 978-7-5096-8810-6
定　　　价：88.00 元

前言

　　物流服务供应链（Logistics Service Supply Chain，LSSC）是不同物流组织以客户需求为起点，相互配合形成的提供完整物流服务的多级供需关系。近年来，各类突发事件给世界经济和社会发展带来了严重的冲击，对系统整体及个体成员都造成了损失，如何构建和提出面向突发事件的物流服务供应链基础理论与协调措施，在供给、运作与需求的全过程视域下完善突发事件管理体系建设是学者需要共同思考的重要课题。当前关于物流服务供应链的研究多是在内涵结构、供应商选择及协调机制等理论与实践层面展开，鲜有涉及突发事件管理策略层面。鉴于此，本书针对物流服务供应链的结构特征，梳理物流服务供应链突发事件理论框架，并制定出供给、运作与需求全过程视域下的物流服务供应链风险协调策略，为物流服务企业健康成长提供理论指导和可行建议。本书的主要内容有以下几个方面：

　　第一，突发事件下物流服务供应链风险的内涵、情景与治理应对。针对物流服务供应链突发事件，建立适应常态化风险防控的社会新型治理方案，有助于企业获得竞争优势。探讨物流服务供应链的结构特征，以嵌入性视角分析突发事件下物流服务供应链风险研究的必要性。明确供应链风险与突发事件的异同，从系统性、嵌入性、脆弱性和应急性视角界定物流服务供应链突发事件的基础内涵。描述物流服务供应链供给、运作与需求挑战情景，提出风险社会视角下物流服务供应链应对突发事件的纵向"协调线"与横向"协作线"治理模式，建立规范的危机治理逻辑框架，并指出未来的研究方向。本部分属于框架性基本理论研究，为进一步研究物流服务供应链突发危机治理提供了重要的参考依据。

第二，供给风险视域下物流服务供应链质量协调机制研究。一是针对物流服务供应链质量合作的信息不对称问题，探索以合约化手段控制物流服务供应链质量的理论方法。基于埃奇沃斯盒（Edgeworth Box）模型揭示物流服务供应链质量合作机理，探寻集成商与提供商契约曲线的"质量—利益"方案集合，明确质量合作关键问题，构建对称信息与不对称信息下质量合作委托—代理模型。基于斯塔克尔伯格（Stackelberg）博弈模型解析道德风险与逆向选择并存下物流服务供应链质量合作流程，求解纳什博弈均衡，最后以快递服务供应链为对象验证质量激励理论的有效性。二是在物流服务供应链初始需求的基础上，引入提供商质量和集成商平台品牌对物流市场作用程度，形成O2O模式下物流服务需求函数。基于跨期合作服务质量对平台品牌的影响，构建成本共担双主体微分博弈模型激励线下提供商实施高质量的物流服务。采用哈密顿-雅可比-贝尔曼方程式探讨非合作纳什博弈、成本共担斯塔克尔伯格博弈及合作博弈情形下的物流服务供应链成本共担协调策略。研究表明，O2O模式下物流服务供应链质量最优决策与成本投入、边际收益及品牌效应有关。虽然协同合作与成本共担均可实现物流服务供应链收益改进，但主体有限理性、机会主义制约了合作意愿、合作动机和合作能力，而O2O模式下成本共担权责体系更容易使主体间相互紧密配合，履行各自职责，实现O2O模式下物流服务供应链合作效率的持续提高。

第三，运作风险视域下物流服务供应链中断协调机制研究。在不确定环境下，有效的物流服务供应链运营决策成为提高物流竞争水平的关键，本部分针对突发事件下物流服务供应链中断的风险问题，构建单提供商、单集成商两级模型，采用演化博弈理论分析集成商监管机构与提供商优化决策，并在考虑中断概率的基础上探讨不同等级区间的策略行为，以实现有限理性下的收益最优。结果表明，在低级风险阶段，集成商加大惩罚力度长期内不仅无法提高提供商的运营积极性，反而促使其选择消极行为。当风险上升至中级水平时，监管机构与提供商出现了循环博弈现象。在面对高级风险时，提供商则会自觉采取积极行为，其中断概率又进一步决定了监管机构的策略选择。本部分最后分析了突发事件下惩罚力度和社会声誉对演化模型调节效应及相应的管理启示。

第四，需求风险视域下物流服务供应链能力协调机制研究。针对物流服务供应链应急调运决策问题，通过分析应急物资调运的基本流程、管理方法及存在的问题，综合考虑物流服务供应链应急物资调运系统动静态资源、灾害分布及优先等级等因素，借鉴动态调配 Multi-Agent 方法刻画各应急救援保障部门间的协同作用，对应急物资调运系统的供需路径与救援时效进行分析，构建物流服务供应链应急物资调运系统高效、及时、低成本的动态调度模型，基于多源时间最短路径问题及弗洛伊德（Floyd-Warshall）算法对模型进行求解，得出应急最优路径及参与调配的储存点组合。同时，对突发灾害应急物资供需网络进行仿真，运用模型进行算法设计求解，结果表明，动态调运决策模型可以从备选集合中快速搜索应急调运所需的最佳方案，能够为救援提供更加可靠的保障。

第五，全过程视域下物流服务供应链风险的弹性协调机制研究。在政府参与下，物流服务供应链弹性策略既是制造商与集成商应对风险社会的有效举措，也是政府风险治理能力现代化的重要内容。本部分从风险社会视角出发预设突发事件存在，将"弹性能力"嵌入物流服务供应链，建立政府、制造商及集成商三方演化博弈模型，系统分析在政府参与下三方主体的策略选择过程。在此基础上，通过灵敏度分析从微观层面研究不同政策的监管效果，考察政府奖惩系数变化带来的影响效应，进一步契合现实世界中策略选择过程的复杂性。结果表明，从短期来看，无论政府选择何种奖惩措施，制造商与集成商都会选择不采用和不实施策略；从长期来看，在政府未参与情况下制造商与集成商将主动选择采用和实施策略，其中政府奖惩机制和制造商弹性供应链是支持物流服务供应链弹性策略可持续的决定性因素。

本书的主要创新之处表现在以下两个方面：①探讨物流服务供应链结构特征，以嵌入性视角分析突发事件下物流服务供应链风险研究的必要性。明确供应链风险与突发事件的异同，从系统性、嵌入性、脆弱性和应急性出发界定物流服务供应链突发事件的基础内涵。描述物流服务供应链供给、运作与需求挑战情景，提出风险社会时代物流服务供应链应对突发事件的纵向"协调线"与横向"协作线"治理范式，建立规范的治理逻辑框架，为进一步深入研究物流服务供应链突发事件治理提供了重要的参考依据。②采用期权契约、收益共享契约及优化方法等理论模型，设计了供给、运作、需求全流程视域下的物流服务供应链风险应对策略，给出了有效的物流服务供应链突发事件风险管理优化方案。

本书可供工商管理类本科生与研究生、物流理论工作者、物流企业中高层管理人员及政府政策研究人员等阅读借鉴。由于时间仓促及所研究领域成果的不断更新，虽然本书取得了一定的针对性研究成果，但仍存在需深入研究与完善之处，加之作者学术水平有限，在物流服务供应链研究领域本书仅是抛砖引玉，不足之处敬请读者不吝批评指正！

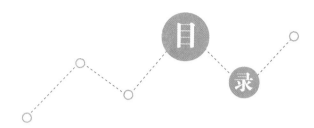

第一章

绪 论

第二章

文献综述

第三章

物流服务供应链风险基础理论：以突发事件为例

第四章

供给风险视域下物流服务供应链质量协调机制研究

第五章

运作风险视域下物流服务供应链中断协调机制研究

第六章

需求风险视域下物流服务供应链能力协调机制研究

第七章

全过程视域下物流服务供应链风险的弹性协调机制研究

第八章

研究结论与展望

绪 论

本章主要阐述本书研究问题的理论意义、实践价值及研究目的与意义等内容，在此基础上明确研究内容、技术路线等。本章主要内容：①阐述本书的研究背景；②提出本书的研究意义；③阐述本书的研究目标；④提出本书的研究内容；⑤绘制本书的技术路线。

第一节 研究背景

21世纪市场竞争已不再局限于企业个体，而是集中在供应链间的组织竞争。20世纪80年代，管理学界提出了供应链管理的概念，企业因顺应供应链发展对经营活动进行了前伸后延。供应链管理是系统集成协调的管理方法，其基本思想是"在准确时间、准确地点给目标客户供应准确数量和类型的物品"，可见供应链管理对企业合作协调提出了更高的要求，在全球经济及企业快速发展中起到了重要作用。然而，随着供应链系统复杂性越来越高，系统不稳定程度不断加剧，特别是近年来全球治理不确定性愈甚、世界经济持续放缓引发供应链内外环境不稳定性愈演愈烈，重大突发事件频发，给供应链系统造成了巨大损失。因此，人们开始重新审视当前所推崇的供应链管理模式，实业界与理论界关注供应链突发事件管理的热情持续高涨。由于市场竞争日趋激烈，供应链开始将生产转向 JIT 模式、精益管理以实现集中生产和集中分销策略，同时将内部非核心业务转让给专业外包商用于降本增效（宋华等，2013）。随着现代物流外包整体性、复杂性的提高，不同物流组织从客户需求出发相互配合形成了具有多级供需关系的完整物流体系，构成了物流服务供应链。其中，包括设计和整合资源的物流服务集成商（Logistics Service Integrator，LSI）和提供特定服务的功能型物流服务提供商（Functional Logistics Service Provider，FLSP），如菜鸟网络科技有限公司分别从上游不同的第三方服务商处采购运力和仓储能力，为客户提供系统的物流服务。因此，物流服务供应链以能力合作为核心，环环相扣形成彼此依赖、紧密联系的利益共同体。

近年来，市场波动、商业模式转型及产品生命周期调整等因素必然干扰供应链计划的实施，不确定性使物流服务供应链面临不同的潜在风险，而物流产品的无形性、过程性、异质性及生产消费不可分割性等使其更容易遭受突发事件的冲击，而当前盛行的零库存策略致使短期内物流难以实现有效供给，因此物流服务供应链任何节点出现差错都可能造成物流网链的机能失调甚至崩溃。突发事件将影响运输、仓储、货运代理等各类功能型物流提供商及所服务的集成商、下游客户等，引发物流服务供应链网络异常，导致上游提供商难以供给准确的物流产品，给物流服务供应链带来负面效应。特别是当下我国物流市场成熟度与产业环境等处于转型升级的关键阶段，当突发事件来临时，风险管理面临的负面压力增大，物流服务供应链内外环境易受到重大影响。有效的物流服务供应链突发事件治理措施能够降低负面连锁反应与收益损失，保障产品供应链（Product Supply Chain，PSC）得到及时的物流供给。由此可见，面对新型冠状病毒肺炎疫情（以下简称疫情）等突发事件给世界经济和社会发展带来的严重冲击，如何构建应对突发事件的基础理论与治理措施，完善物流服务供应链突发事件管理体系，最大限度地规避风险损失是需要共同思考的重大议题。

目前，国内外关于供应链风险的研究取得了丰硕的成果，对供应链突发事件的研究也取得了一系列成果，但对物流服务供应链突发事件的研究还很不足，仅有部分学者对物流服务供应链风险进行了探讨。高志军和刘伟（2010）认为，物流服务供应链风险是内外部不确定性导致的脆弱性，致使物流能力无法正常传递服务、无法达到客户要求的行为，其分为供给风险、运作风险与需求风险。李阳珍和张明善（2012）认为，物流服务供应链的运作可能会遭受来自环境因素的冲击，造成某节点企业的物流供给能力下降或瘫痪，进而导致该节点企业的物流服务故障。张广胜和刘伟（2016）从供需结构复杂性、突发事件风险情景、无标度性及级联故障等方面揭示了物流服务供应链网络风险脆弱性机制。马波等（2018）采用理论与实证结合的方法探讨了物流服务供应链违约风险形成因素，同时制定出违约风险控制策略。李瑞海等（2020）认为，大型城市活动或重大自然灾害引起的物流路径关闭和拥塞风险体现在物流功能网链整体机能失调或断裂，直观表现在"服务流、信息流和资金流"迟缓甚至中断。此外，学者还从应急协调视角探讨物流服务供应链突发事件的应急管理问题，如李剑锋等（2013）利用条件风险值建立风险规避模型，得出市场需求不确定下集成商最优初始订购量、最优期权购买量及供应商最优期权价格与执行价格。Liu 和 Wang（2015）构建了带有风险态度组合的物流服务供应链纳什均衡混合策略模型。Wang 等（2019）采用均值—标准差目标函数反映不同物流风险偏好，分析风险偏好和需求波动的影响。王宗光等（2019）认为，因双方信息不对称，第三方物流可能存在违反契约道德风险，基于博弈双方有限理性假设，构建了生鲜电商与第三方物流道德风险动态演化博弈模型。刁姝杰等（2021）基于决策者有限理性假设，将前景理论与演化博弈相结合了分析物流服务供应链中服务质量管控活动，讨论了提供商服务策略与集成商管控策略的博弈过程。总之，当前有关物流服务供应链风险的研究集中于协调机制、质量控制及脆弱机理等方面，未就风险社会背景下物流服务供应链突发事件内涵框架与协调策略做深入探究，基础理论并未将阻碍物流服务供应链风险管理实践与学术活动持续推进。

综上所述，随着经营环境动态性与复杂性日益增加，需要物流服务供应链突发事件治理机制能够在负面事件发生后做出针对性调整，确保自身的健康运营。本书在讨论物流服务供应链结构特征的基础上，透视物流服务供应链突发事件理论研究的必要性，根据供应链突发事件理论基础界定物流服务供应链突发事件风险内涵的结构特征，进而描述供给、运作与需求三大突发事件情景类型与框架，提出有效措施协调成员间的利益冲突，优化风险阶段利益主体合作问题，完成物流服务供应链契约设计，为突发事件下物流服务供应链协调提供崭新的分析思路和解决方案。

第二节　研究意义

一、理论意义

本书针对突发事件阶段物流服务供应链风险契约展开研究，理论上有如下两点创新：

（1）明确了物流服务供应链突发事件的基础内涵，丰富了物流服务供应链风险决策理论。物流服务供应链协调问题是当前理论研究的热点，现有研究提到物流服务供应链突发事件风险管理具有重要的研究意义。协调机制是供应链系统高效运转的基础，本书针对突发事件阶段物流服务供应链风险协调展开研究,是对现有理论的一种有益拓展。

(2)运用博弈论方法对供给风险视域下物流服务供应链质量协调机制、运作风险视域下物流服务供应链中断协调机制、需求风险视域下物流服务供应链能力协调机制及全过程视域下物流服务供应链风险的弹性契约进行理论分析,并基于数值仿真进行验证与比较,使研究结论更加可靠。

二、实践意义

(1)对于企业而言,从突发事件视角研究物流服务供应链协调契约,为企业在风险约束下实现收益优化提供保障,具有一定的现实意义。在实践中,阻碍物流服务供应链核心竞争优势形成的主要原因是风险决策的复杂性,企业无法从安全保障行为中获利或非均衡获利,进而失去经济行为动力。本书从风险社会视角考虑物流服务供应链主体合作协调,研究物流服务供应链契约问题,以期提升物流服务供应链的运作效率。

(2)对于社会而言,通过研究物流服务供应链突发事件,从实践上促进风险协调,推进企业积极提供高质量物流产品,实现资源的有效利用,从微观层面保障物流业的高质量发展。

第三节 研究目标

本书的研究目标是在物流服务供应链受世界经济深度衰退、商业模式变化、需求差异化及物流产业发展不成熟等新形势的影响下,综合运用物流服务供应链管理理论、弹性理论及演化博弈理论等,从宏观和微观视角,结合定性分析和定量研究方法,系统性地对突发事件下物流服务供应链风险博弈冲突和协调策略进行优化，为我国物流业健康发展提供理论指导和可行性建议。具体研究目标包括以下内容：

（1）提炼国内外学者关于物流服务供应链突发事件风险有关的研究成果，以突发事件为例透视物流服务供应链风险研究的必要性，从微观层面将物流服务供应链突发事件划分为供给、运作及需求等风险情景，提出风险社会时代物流服务供应链应对突发事件的治理模式，构建规范的危机治理逻辑框架，为科学制定物流服务供应链突发事件协调策略奠定基础，为物流服务供应链突发事件研究提供新的切入点和研究方法。

（2）首先，依据集成商与提供商质量合作特性，采用埃奇沃斯盒模型揭示物流服务供应链质量合作机理，探寻集成商与提供商契约曲线的"质量—利益"方案集合。基于集成商与提供商质量合作流程构建物流服务供应链质量委托—代理基础模型，采用斯塔克尔伯格博弈模型分析道德风险与逆向选择并存下质量激励契约纳什博弈均衡。其次，基于跨期合作服务质量对平台品牌的影响，构建成本共担双主体微分博弈模型激励提供商实施高质量线下物流服务。采用哈密顿–雅可比–贝尔曼方程式探讨非合作纳什博弈、成本共担斯塔克尔伯格博弈及合作博弈情形下物流服务供应链成本共担协调策略，实现 O2O 模式下物流服务供应链合作效率的持续提高。

（3）运作风险视域下物流服务供应链不再是多元主体的简单合作，需要集成商建立监管机构形成保障安全运营的新体系，物流集成商、功能型提供商和监管机构是被纳入突发事件风险下物流服务供应链安全协同的多元参与主体。针对突发事件下各主体间演化博弈问题，在不同中断概率条件下从不同维度分析集成商如何监管提供商的运营活动，为物流服务供应链突发事件管理提供科学依据。

（4）针对突发事件下需求端应急物资调运决策问题，通过分析应急物资调运的基本流程、管理方法及存在的问题，综合考虑物流服务供应链应急物资调运系统动静态资源、灾害分布及优先等级等因素，借鉴动态调配

Multi-Agent 方法刻画各应急救援保障部门间的协同作用,对应急物资调运系统的供需路径与救援时效进行分析,构建物流服务供应链应急物资调运系统高效、及时、低成本的动态调度模型,为迅速、有效地应急物资需求提供保障。

(5)弹性物流服务供应链是制造商与集成商应对风险社会下经营环境日益恶化的有效举措,政府部门监管引导更是其能够顺利实施的前提。针对突发事件下物流服务供应链弹性决策问题,通过建立政府、制造商及集成商间三方演化博弈模型找出系统演化稳定策略,在提高经济效益、社会效益的同时提高预防与处理突发事件的能力,构建应对突发风险的长效机制。

第四节 研究内容

本书旨在围绕"物流服务供应链风险协调策略——基于供给、运作与需求的全过程视域"这一基本问题,根据研究目标逐层解析以下问题:①物流服务供应链突发事件风险理论基础如何?②突发事件下物流服务供应链风险基础内涵如何,突发事件风险治理逻辑框架怎样?③如何制定有效的物流服务供应链风险协调策略?基于上述问题将本书分为四部分,由八章组成。第一部分为研究基础,主要包括绪论和相关文献综述(第一章和第二章);第二部分为物流服务供应链突发事件风险理论研究(第三章);第三部分为物流服务供应链突发事件风险协调策略研究(第四章至第七章);第四部分为研究结论与展望(第八章)。各章节的具体内容如下:

第一章:提出本书的研究背景,在理论和实践两个方面阐述本书的研究意义;构建本书的研究目标、思路、框架及技术路线等。

第二章：回顾和系统梳理国内外的相关研究成果，包括物流服务供应链内涵与框架、物流服务供应链能力协调、物流服务供应链风险管理及供应链弹性管理，总结评述该领域的研究现状，探索其有待深入研究的方向。

第三章：结合物流服务供应链典型结构与基本特征，从重大危机视角透视物流服务供应链突发事件理论研究的必要性；在明确供应链风险与供应链突发事件异同的基础上，从系统性、嵌入性、脆弱性和应急性等视角界定与描述供应链突发事件理论，提出物流服务供应链突发事件的基础内涵；依据物流服务供需结构将疫情背景下物流服务供应链突发事件情景分为供应突变、内部失效与需求突变三种类型，基于纵向"协调线"与横向"协作线"提出突发事件的治理模式。

第四章：面对物流服务供应链突发事件的供给风险，本章首先采用埃奇沃斯盒模型揭示集成商与提供商之间的质量合作机理，探寻两者契约曲线的"质量—利益"方案集合。在解析集成商与功能商质量合作流程的基础上，构建质量委托—代理基础模型分析提供商收益结构和集成商收益结构，采用斯塔克尔伯格博弈模型对道德风险与逆向选择并存时的质量激励契约展开博弈均衡分析。其次将研究扩展至跨期合作下服务质量对平台品牌的影响，运用成本共担双主体微分博弈模型激励线下提供商实施高质量的物流服务。采用哈密顿-雅可比-贝尔曼方程式探讨非合作纳什博弈、成本共担斯塔克尔伯格博弈及合作博弈情形下的物流服务供应链成本共担协调策略，以期达到O2O模式下物流服务供应链合作效率的持续提高。

第五章：针对突发事件下物流服务供应链运作中断风险问题，探讨物流服务供应链提供商和集成商监管机构博弈策略收益矩阵；构建两者策略演化复制动态方程，按照提供商和集成商监管机构投入收益比率阈值将值域分为低级风险、中级风险与高级风险区段，探析不同中断概率区间内提供商和集成商监管机构的演化博弈策略；分析突发事件下惩罚力度和社会声誉损失对提供商和集成商监管机构演化博弈行为的调节效应，分析中断概率存在的低级风险、中级风险及高级风险三种情景，验证物流服务供应链风险监管策略的有效性。

第六章：针对突发事件下物流服务供应链需求端应急物资调运决策问题，通过分析应急物资调运的基本流程、管理方法及存在问题，综合考虑应急物资调运系统动静态资源、灾害分布及优先等级等因素，借鉴动态调配 Multi-Agent 方法刻画各应急救援保障部门间的协同作用，对应急物资调运系统的供需路径与救援时效进行分析，构建物资服务供应链应急物资调运系统高效、及时、低成本的动态调度模型，基于多源时间最短路径问题及弗洛伊德算法对模型进行求解，得出应急物资最优路径及参与调配的储存点组合。

第七章：针对突发事件的物流服务供应链全过程弹性决策问题，将"弹性能力"嵌入物流服务供应链，建立政府、制造商及集成商三方非对称模型，采用演化博弈理论分析参与主体的弹性决策；在此基础上，通过灵敏度分析从微观层面研究不同政策的监管效果，考察政府奖惩系数的影响效应，实现有限理性下收益最优，进一步契合策略选择过程的复杂性研究。

第八章：总结全书的内容，提出未来有待深入研究的问题。

第五节 技术路线

本书采用"提出问题→分析问题→解决问题"的逻辑思路，基于前述主要研究目标对物流服务供应链突发事件风险进行研究，其主要研究内容可分为三大层次：国内外相关文献述评、物流服务供应链突发事件风险理

论基础、具有中断概率的物流服务供应链协调与政府参与下物流服务供应
链弹性协调。本书对物流服务供应链理论、物流服务供应链风险理论、供应
链弹性管理等领域的文献进行收集、整理分析，厘清本书研究的现状。从微
观层面将物流服务供应链突发事件划分为供给、运作及需求风险情景，建立
风险社会时代物流服务供应链应对突发事件的治理逻辑框架。基于博弈模型
分别构建突发事件下具有中断概率的物流服务供应链协调机制和政府参与下
的物流服务供应链弹性协调机制，分析各主体的最优决策行为，技术路线如
图 1-1 所示。

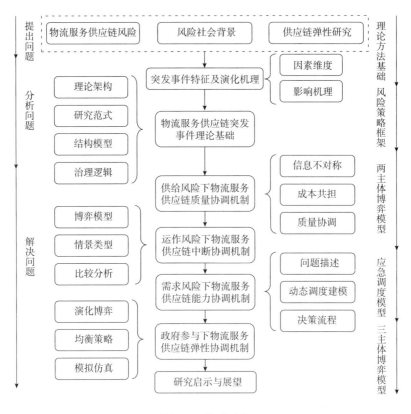

图 1-1　技术路线

文献综述

本章对目前国内外物流服务供应链的内涵与框架、物流服务供应链能力协调、物流服务供应链风险管理及供应链弹性管理等文献进行述评，回顾对应的理论方法。

第一节　物流服务供应链的内涵与框架

随着世界范围内服务业的快速发展，供应链管理逐渐被引入服务领域，导致了服务供应链研究的兴起。近年来，服务供应链研究作为供应链的一个新方向成为服务企业提高竞争力的新途径，学者借助传统供应链理论与服务业理论对其展开了研究（Lisa et al.，2004）。随着服务业代替制造业成为经济增长的驱动，越来越多的制造企业开始从服务部门获取更多的利润（Machuca et al.，2007）。物流服务供应链作为一类重要的服务供应链，已经被广大学者提出并成为研究热点。与本书相关的研究大致可分为物流服务供应链能力协调研究、物流服务供应链风险管理研究及供应链弹性管理研究。国内外学者提出了物流服务供应链的定义，其中 Persson 和 Virum（2001）与 Choy 等（2007）较早开展了这项研究。Choy 等（2007）定义物流服务供应链是将以功能型物流服务提供商→物流服务集成商→物流客户为基本结构，针对物流服务供应链中的不确定性问题提出采用集成化的物流信息系统进行管理，最后以中国南方物流集团为例进行了探讨。Baharmand 等（2017）指出了物流服务提供者与供应链功能间关系的重要性，利用四种资源交互工具来研究物流服务提供者在三种市场中如何面临不同的概念结构。由此实现物流服务提供者和客户间资源协调与资源组合的权衡，更全面地理解托运人与物流服务提供者间的交互作用。国内许多学者对定义框架也提出了较为全面的研究，如田宇（2003）、崔爱平和刘伟（2008）、刘伟和高志军（2012）、宋志刚和赵启兰（2015）等。其中，田宇、崔爱平和刘伟等已着眼于物流服务供应链体系结构，其研究侧重于供应链成员间的关系，对探讨物流服务供应链流程模式具有重要的意义。

田宇（2003）重点探讨了物流服务供应链的基本结构模式，认为物流服务供应链是由以物流服务功能提供商→物流集成商→制造零售等客户为基本结构，物流服务功能供应商是为适应快速变化的、复杂的经济形势而被物流集成商吸纳为上游功能供应商，为制造、零售等客户企业提供专业物流服务。崔爱平和刘伟（2008）认为，物流服务供应链是围绕物流服务集成商核心企业，以物流客户为起始点，通过对服务流、信息流及资金流的控制，整合链条资源，将服务流程管理、服务能力管理、服务绩效管理及客户价值管理进行集成，从而创造从供应商到需求方的物流服务增值功能网链结构模型。刘伟和高志军（2012）指出，在服务产业逐渐呈现网络化和规模化发展的背景下，将企业物流网络作为基本单元的物流服务供应链，从科学视角分析企业物流网络在物流服务供应链运作过程中的价值创造机理与作用规律。宋志刚和赵启兰（2015）认为，物流服务供应链是制造业非核心业务外包与物流分工精细化的结果，从结构、管理要素、价值创造、利益协调四个方面分析了传统物流服务供应链理论架构（见图 2-1）。

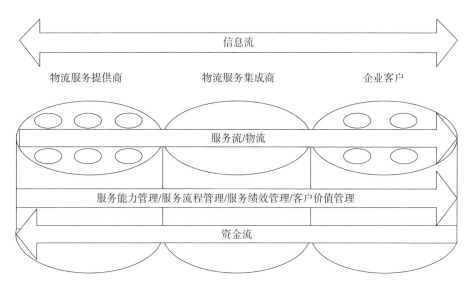

**图 2-1 宋志刚和赵启兰（2015）整理的传统
物流服务供应链理论架构**

综上所述，以上学者对物流服务供应链基本框架的定义展开了深入探讨，目前国内外学者围绕物流服务供应链管理展开研究的内容主要包括物流服务供应链形成机理、发展现状及体系结构等，尚缺乏物流服务供应链风险管理研究内容。鉴于此，本书认为物流服务供应链模式是采取集成的管理思想与方法，以物流服务集成商为核心企业，为制造商、分销商等提供优势资源，集成物流资源快速整合用以满足用户需求，最终提高物流服务水平。

第二节　物流服务供应链能力协调

　　物流服务产品必须根据最终客户需求实时传递给客户，不可提前制造存储，物流服务供应链能力协调是取得理想合作绩效的必要条件（Farahani，2011）。良好的物流合作关系与服务体系是物流服务供应链实现能力协调的重要影响因素，Basligil 等（2011）发现通过整合第三方物流服务提供商形成的完整物流服务体系在能力协作方面效果显著。Adenso-Díaz 等（2014）指出，优化企业间物流服务合作关系已被视为降低供应链成本、提高竞争力的有效方法之一。也有学者通过引入博弈论、仿真模型等新方法对物流服务能力协调进行了定量研究。Huo 等（2015）比较了需求不确定条件下契约型与关系型物流服务交易的最优策略问题。Giri 和 Sarker（2017）进一步通过第三方物流服务提供商契约协调改善供应链绩效水平，利用回购与收益共享契约减少供应链中断损失。Liu 等（2018）考虑到"一带一路"沿线国家和地区的物流服务日益个性化的需求，基于博弈论的方法构建了提供商和集成商之间的成本分担契约模型并对供应链绩效进行了评价。Liu 等（2019）将风险规避行为因素纳入单集成商和单提供商组成的物流服务供应链中，分析了行为因素对需求更新服务能力采购决策的影响。张建军和赵启兰（2019）通过分析两方合作、多方合作等不同决策模式下的博弈情形，建立了规范的两链协调发展的研究框架。部分学者基于期权契约理论研究了物流服务供应链协调策略，Kudla 和 Klaas-Wissing（2012）采用委托—代理理论分析了托运人如何激励提供商、提供商如何应对及如何开展可持续性合作问题。利用与可持续性合作密切相关的价格因素，Zhang 等（2015）制定出了第三方提供商动态定价协调策略。Wang 等（2020）

从系统耦合、关键点控制的视角，解决大规模定制化物流服务模式下不同流程的服务商选择和订单分配问题。综上所述，能力协调是目前国内外物流服务供应链研究的热点领域，内容集中于能力合作协调与需求分配机制方面，这为本书研究奠定了理论基础。

部分学者同样对物流服务供应链能力协调问题进行了重点研究，得出了许多有意义的研究结论。这些学者主要研究了物流服务供应链的内涵结构（刘伟和高志军，2012）、供应商选择（陈可嘉，2014）、激励机制（卢安文和荆文君，2015）、采购决策（赵海峰等，2017）等方面。陈可嘉（2014）在考虑逆向物流委托企业对逆向物流服务供应商回收产品处理速率与价值回收率方面专业要求、逆向物流服务供应商环境性行为以及由此导致的逆向物流外包隐性成本的基础上，提出了一种解决多属性决策问题的新方法——基于组合权重确定的 GI - TOPSIS 方法。卢安文和荆文君（2015）基于委托—代理理论，在考虑物流服务供应链激励机制设计中存在的双向道德风险、多代理人问题的基础上，分析了顾客对服务质量的评价对物流服务供应链激励效果的影响。赵海峰等（2017）以物流服务供应链为研究对象，研究了集成商初期对服务能力批发量和期权预订量的决策、需求即将发生时对期权执行量的决策及需求确定时对现货采购量的决策，构建了在无采购资金约束条件下集成商的采购决策模型，求得服务集成商各时期的采购决策。另外，李剑锋等（2013）研究了在市场需求不确定条件下物流服务供应链的定价及效率问题，分析了物流服务集成商和供应商市场的不同组合，求得每种情形下物流服务集成商的最优初始订购量和供应商的最优定价。孟丽君等（2014）建立了集中控制模型与收益共享契约下的协调模型，并得到了最优解的满足条件，研究证明了收益共享契约能够达到物流服务供应链整体达到最优状态。

综上所述，物流合作分配是当前国内外物流服务供应链理论研究的热点，这为开展突发事件下物流服务供应链运营管理奠定了理论基础。物流服务供应链作为物流组织适应市场化趋势深入变革后形成的崭新合作模式，要有积极应对外部变化的准备，特别是在长期不确定环境下面对可能出现的重大突发事件，需要从物流服务体系微观结构出发制定有效的应对措施，推动我国物流产业的持续健康发展。

第三节　物流服务供应链风险管理

一、物流服务供应链风险演化机制

随着经济全球化趋势加剧、经济环境恶化及精益化生产方式在企业经营中的普及，企业在面对各种突发事件时供应链结构显得非常脆弱。Gedik 等（2014）和 Paloviita 等（2016）指出，供应链日趋精益化、敏捷化趋势加剧了供应链网络的脆弱程度。因此，学者对物流服务供应链风险演化机制进行了研究。

首先，在供应链突发事件风险传导机理研究的基础上，许多学者对其引起的需求波动、供应中断在供应链中的传递扩散效应展开了研究。Waters（2011）基于供应链脆弱性识别出风险要素，在分析评估不同风险水平后研究供应链网络风险扩散效应。Atwater 等（2014）认为，在经济低迷环境中，复杂供应链存在的需求与供给风险影响其正常性能，应开发风险评估计分卡对供应链风险进行测量。Avelar-Sosa 等（2014）根据结构方程建模方法对供应链上风险节点企业被突发事件冲击的时间和成本损失进行了分析。Christopher（2016）对供应链中物流服务要素进行研究后指出，物流是实现供应链价值的重要战略，从成本、服务及客户价值等角度分析了供应与需求风险的扩散强度。以上研究成果对供应链突发事件的产生和扩散过程进行了系统性分析,为本书从不同视角认识物流服务供应链突发事件风险扩散强度与演化效应提供了帮助,但目前尚缺少从微观层面对供应链系统企业行为进行认识,特别是在不同传递时间和范围等方面会对供应链主体成员产生怎样的影响并未有研究涉及。

其次,目前学者针对突发事件引起的供应风险问题提出了较多策略,主要集中于多源采购模式、强化供应商跟踪、合作关系优化及建立备用生产线与提高供应链透明度等。Berger 等(2004)研究了单个供应商中断与所有供应商中断两种情况,采用决策树模型决定最优供应商数目。Yu 等(2009)研究了在市场需求不稳定时两阶段供应链中断对单源与多源供应商的选择影响。Ruiz-Torres(2013)将研究扩展到有任意数目的供应商中断领域。Sawik(2014)研究了在供应链中断情景时单源与多源供应最优成本和服务水平决策问题。Jabbarzadeh 等(2016)针对全球供应链存在中断的情况提出了一种混合鲁棒随机优化模型和拉格朗日松弛解决方案。在传统供应链风险的研究中,采用数理最优化解决供应风险问题具有良好的研究基础,但对物流服务供应链供给多层结构、多功能协调等问题仍需深入研究。因为供应链是由各种节点成员企业组成的整体系统,所以部分学者从突发事件影响供应链内部运作风险方面研究了供应链问题。Wakolbinger 和Cruz(2011)对供应链内部信息风险影响供应链运作绩效进行了研究,根据供应链风险分担契约提出了缓解策略。Singh 等(2012)指出,影响全球供应链运作风险的主要因素包括货物迟交、汇率、质量问题、物流运输故障及生产风险等。Zhao 等(2013)通过对 317 家制造企业调研研究了供应链风险对其运作绩效的影响,发现供应链风险与供应链绩效具有紧密关系。Fattahi 等(2017)针对多期供应链网络设计中的内部运作风险,提出了弹性网络策略方案。当前的研究内容中基于突发事件风险的物流服务供应链运作研究相对不足,针对性的理论构建还比较缺乏,因此本书将对突发事件引发的物流服务供应链运作风险展开研究。

最后，需求突变引起的突发事件风险一直是供应链研究领域的热点与难点，较早开展研究的是 Qi 等（2004）发表的 *Supply Chain Coordination with Demand Disruptions*，基于该成果后续研究进行了深化与扩展。Erbao 等（2013）采用收益共享契约机制应对需求与生产成本突变风险。上述成果多是在简化条件基础上的契约机制来协调优化供应链，简化条件与现实间存在的差距影响了方案的现实可操作性，鲜有文献从理论层面研究物流服务供应链突发事件问题，按照物流供需结构有效分析物流服务供应链突发风险情景，抽取关键风险因素建立多主体协调策略，可以为风险管理与应急响应计划提供有效措施。

二、物流服务供应链风险协调

随着物流服务网络精益性和敏捷性持续深化，物流服务供应链风险管理正逐渐成为实业界和理论界关注的重要研究内容之一。Choi 等（2016）指出，物流服务供应链风险体现为各种不确定致使物流功能网链整体机能失调甚至断裂，直观表现是服务流、信息流及资金流传递迟缓甚至中断。Ma 等（2020）从供需结构复杂性、突发事件风险情景、无标度性及级联故障等方面揭示了物流服务供应链网络脆弱性机制。上述研究对物流服务供应链的脆弱机理、风险内涵及驱动因素等定性内容展开了讨论，为系统认识物流服务供应链风险提供了理论基础。在不确定环境下，博弈模型可有效解决物流服务供应链风险协调问题，Liu 等（2016）研究了需求中断时物流服务供应链的协调问题，并从服务角度分析认为供应商联盟决策模式比分散决策模式更容易导致物流供应商降低努力水平。Huang 等（2020）从第四方物流角度研究了外包物流质量风险管理，利用博弈论分别得到了集中和分散情况下的最优决策。Jazairy 和 Haartman（2020）针对供需不确定情形下集成商和供应商能力采购协调问题，建立了斯塔克尔伯格博弈决策模型，给出了实现供应链协同合约参数设计和取值区间。Zhang 等（2020）针对物流服务供应链结构将物流服务供应链风险分为供给风险、运作风险及需求风险，探讨了集成商为降低风险的可持续运作机制。目前，国内外学者重点从管理、概念模型及博弈协调三个方面对物流服务供应链风险管理展开研究，鲜有针对突发事件下物流服务供应链能力应对策略的研究。

第四节 供应链弹性管理研究

本书主要内容是物流服务供应链上突发事件风险协调策略研究。突发事件作为风险研究中的特殊情况有着自身特有的属性与规律，物流服务供应链突发事件风险属于发生概率较小、影响损失较大的"黑天鹅"特殊事件，由于产品供应链弹性策略对物流服务供应链突发事件风险研究具有重要的借鉴意义，因此非常有必要回顾目前供应链弹性研究文献。本部分将从供应链弹性内涵与供应链弹性协调两个方面展开文献评述。

一、供应链弹性内涵结构

随着全球供应链竞争加剧，企业经营环境波动、管理模式变更及供应链网络复杂化趋势使企业更易遭受意外突发事件风险（Rezapour et al.，2016；Mohammaddust et al.，2015）。近年来，国内外供应链管理领域内关于供应链风险的研究成为热门话题，以实证研究与定量模型为工具来探讨供应链脆弱性（Gedik et al.，2014；Park et al.，2016）与供应链风险绩效（Kırılmaz and Erol，2016）。虽然目前对供应链风险进行了深入研究，但在传统风险管理中仍然存在一些突出问题：未能体现应对供应链复杂性的有效性、未评估风险因素间的交互关系、应急机制被动性、新风险治理难度增加等（Ambulkar et al.，2015；He，2017）。由于镶嵌弹性的供应链机制强调比竞争对手做更充分的准备、更快的反应及实现更快的恢复能力，以充分体现弹性机制的优越性，因此供应链弹性为应对突发事件风险的不确定性问题提供了新的研究思路，并逐步成为供应链管理研究的重要议题。学者对供应链弹性内涵结构展开了广泛研究，这些领域的主要学者和研究结论如表2-1所示。

表2-1　不同学者对弹性供应链的理解与研究

主要学者（年份）	对弹性供应链的理解与研究
Li 和 Zhao（2010）	通过数值仿真与信息驱动的结合展现弹性供应链企业的优越性
Pettit 等（2010）	给出并定义一般性弹性供应链概念，提出评价与改善供应链系统弹性的方法
Soni 和 Jain（2011）	将灵活性、适应性、协作、能见度及可持续性作为弹性供应链的主要支柱与关键创新点
Carvalho 等（2012）	结合实例仿真评价与分析供应链系统弹性，给出缓解系统脆弱性与改善弹性的决策方法
Wang 和 Zhao（2012）	将生物细胞弹性理论应用到供应链系统运作中，并说明其优越性与实用价值
Azevedo 等（2013）	借助 ECO 指数评估汽车供应链弹性运作模式
Mensah 和 Merkaryev（2014）	从突发事件风险角度提出供应链弹性的运作机理
Cardoso 等（2014）	采用结构破坏方法测量弹性供应链的韧性
Cardoso 等（2015）	基于需求不确定性设计弹性供应链，提出 11 项评价指标
Wang 和 Xiao（2016）	构建集群供应链弹性网络，增强企业风险恢复与调整的能力
Brusset 和 Teller（2016）	使用动态能力方法比较证明弹性供应链的绩效水平优于其他企业
Zeng 和 Yen（2017）	识别供应链关系、风险管理与供应链弹性管理的关系，开发以关系协作为背景的弹性供应链

二、供应链弹性协调机制

供应链弹性优越性体现为应对突发事件冲击的能力（Christopher and Peck，2004），因而如何实现供应链弹性成本与效益的双重优化就成为学术界与企业界最关心的问题。学者对供应链构建弹性策略展开了深入研究，Samii 等（2014）借助探索案例提出了改造供应链弹性的有效策略：产品标准化、成本统一化、减少不确定性及延期投资等，能够实现成本降低与资源优化。Rajesh 等（2015）利用灰色关联分析构建出弹性供应链中弹性供应商的选择方法，实现了弹性供应链战略层面的优化决策。Chatterjee 等（2016）对亚洲地区中小企业实践调研后给出其针对性的弹性模式策略。此外，在供应链设计初始阶段嵌入弹性机制时需要成员企业付出构建成本，学者同样对弹性成本与利益绩效进行了有益研究（Al-Ammar and Fisher，2006）。Chen 和 Miller-Hooks（2012）认为，突发事件发生后的系统运营成本与弹性结构紧密相关，并以最小化不能满足需求量为目标研究了事后恢复策略的最优选择问题。Hosseini 等（2016）设计了能够承受破坏性事件并迅速恢复的弹性供应链，基于贝叶斯网络实现弹性成本与韧性的平衡。Jm 和 Sh（2021）制定实施了预置额外库存和备用供应商两种弹性策略，然后模拟其对供应链弹性和财务绩效的影响。另外，部分学者引入模拟仿真研究了在供需不确定条件下的供应链弹性管理策略的有效性问题（Bogataj et al.，2016）。此外，部分学者指出，突发事件下政府层面应建立综合协同的产业供应链风险管理和沟通机制，推动产业平台和产业集群带动供应链参与者建立供应链弹性体系（宋华，2020）。综上所述，弹性机制对供应链处理突发事件风险、提升供应链灵活性具有重要作用。然而需要指出的是，虽然目前有关供应链弹性研究已取得了丰硕成果，但文献内容仅限于产品供应链弹性机制，并未涉及物流服务供应链弹性管理等方面。

第五节　文献述评与启示

通过文献综述分析可知，随着服务业的升级改造，物流服务供应链研究已成为国内外学术界与企业界的研究热点，越来越多的学者在理论层面与实践应用层面研究了物流服务供应链内涵、结构及协调机制等，为本书的研究奠定了良好的理论基础。但现有文献中关于物流服务供应链突发事件风险方面的研究还比较少见，特别是采用实证与定量方法的研究，这为本书的研究提供了很好的契机。

第一，现有物流服务供应链风险管理方面的研究主要从管理、概念模型及博弈协调方面展开，鲜有针对突发事件下物流服务供应链的能力、应对策略进行研究。因此，本书着眼于突发事件背景下我国物流服务企业的风险管理，从供给、运作与需求全流程视角构建物流服务供应链风险管理的理论框架。

第二，有关供应链风险管理的研究已经涉及弹性策略的重要作用，但物流服务供应链以能力协调为主，客观上与产品供应链存在很大差异，服务弹性直接影响到风险机制下合作联盟的形成与强化。因此，本书将弹性管理机制引入物流服务企业风险管理的研究内容中，探讨物流服务供应链弹性协调机制。

总之，随着经营环境动态性与复杂性的日益增加，物流服务弹性能力能够使管理者对可能损害企业盈利能力的趋势进行预期，并做出有针对性的调整用以确保自身及服务对象的健康运营，进而在动态环境中不断重塑其商业模式与战略。

物流服务供应链风险基础理论：以突发事件为例

本章主要内容：①阐述物流服务供应链突发事件研究的必要性；②提出物流服务供应链突发事件内涵与特征；③总结突发事件下的物流服务供应链风险情景挑战与表征；④提出风险社会时代物流服务供应链突发事件治理应对；⑤本章小结。

第一节　物流服务供应链突发事件研究的必要性

一、从结构特征看物流服务供应链突发事件研究的必要性

现有文献阐述了物流服务供应链的典型结构、基本特征与异于产品供应链的特点，物流服务供应链主要由提供综合物流服务设计方案的物流服务集成商和执行具体物流服务功能的功能型物流服务提供商企业参与，其中物流服务集成商具有较强的综合物流服务能力，通过集成功能型物流服务提供商形成多功能、跨区域、跨组织的物流服务供应链，构建物流供给

网络系统。功能型物流服务提供商通常只提供地域与能力相对局限的单一专业物流功能，成为物流服务供应链网络组成节点。参照 Tancdan 等（2007）服务供应链构建典型物流服务供应链两级结构，其中物流服务集成商与功能型物流服务提供商优势互补形成物流服务供应链机制设计结构基础，多级结构也是该典型结构的拓展延伸，见图 3-1。

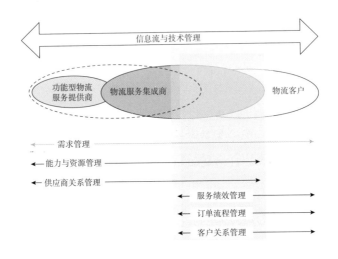

图 3-1　物流服务供应链典型结构模型

物流服务集成商在物流供应过程中通过满足客户需求创造物流绩效，随着市场环境、行业竞争及消费个性化升级，现有单一物流提供商难以提供满足更加多元化物流服务需求，而物流服务供应链多级结构可以解决该难题。在企业实践中，物流服务集成商往往与多家上游物流功能提供商存在业务关联，与此同时集成商通过整合功能型物流提供商能力满足下游客户需求，单体结构物流服务供应链交叉形成了协调复杂度较高的多级物流功能供需网络。物流服务集成商仍是多级物流服务供应链网络结构核心企业，通过整合物流提供商、物流功能分包商资源向物流客户提供综合物流服务功能。基于核心能力构建的物流服务供应链表现为以松散型为特征的虚拟企业形式，通过企业组合延伸各自的能力资源要素，见图3-2。

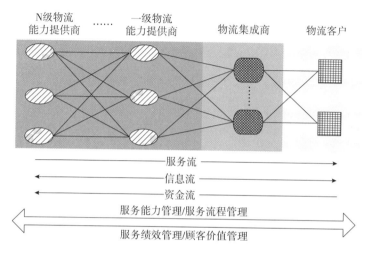

图3-2　物流服务供应链网络结构模型

通过概念界定看出物流服务供应链内部主要涉及物流能力协调，与其他服务型产品同样具备无形性、过程性、异质性、即时性及不可存储性等特殊性质，使物流服务供应链相比产品供应链具备了更加复杂的特质。差异主要体现在：无形性、过程性与异质性使物流服务供应链运作过程比产品供应链更为复杂，物流质量难以衡量；物流即时性特征致使物流服务供应链内部产品需直接面向客户，无法实现类似产品供应链逐级转移，终端零售行为不再存在；物流不可存储性使物流服务供应链不存在产品库存、产品退货与产品残值等问题。从物流服务供应链与产品供应链区别可总结如下重要性质：①客户高度导向性，物流服务供应链以物流需求为起点，物流服务集成商积极响应客户请求设计方案，并向各层级物流提供商逐级分解外包，按照集成商规划各层级提供商紧密协作各自服务要素与资源设施来满足客户要求；②能力高度集成性，集成性是现代物流服务供应链运作的重要理念，物流集成商以先进物流信息平台为基础，将各层级物流服务提供商要素、优势资源及客户需求整合集成，实现物流服务一体化与综合化；③结构高度复杂性，物流服务供应链需要集成各级复杂服务流、资金流及信息流，加之物流分包商区域规模庞杂，结构主体与企业部门存在资源要素交互作用，同时各层主体还存在竞合关系，因此整个物流服务供应链计划控制机制成为易受外部因素影响的开放型复杂结构系统；④主体高度互补性，物流服务供应链合作主体是由相互作用的供需依赖路径构成的关联系统，最终物流质量不是由结构单体决定，而是通过各参与企业与整体组织共同完成。组织企业呈现高度竞合互补关系，物流服务供应链成员间的服务能力与资源要素互补性质明显。综上所述，物流服务供应链特殊性质使其比产品供应链更加难以协调管理，更易受重大突发风险因素的干扰，物流服务供应链高效运作面临比传统产品供应链运作管理更多的挑战。

二、从突发事件透视物流服务供应链风险管理研究的必要性

物流服务供应链是包含各类提供商、集成商、规模客户等多主体的"集成化"产业，完整而强大的物流服务供应链是供应链强国基本特征之一。物流服务供应链企业间的竞争本质是体系能力与供应链间的竞争，建立高效协同服务体系是系统良性发展的前提。在产品供应链物流外包趋势下，物流服务供应链是嵌入产品供应链的典型网络组织，为产品供应链企业提供集成化物流服务。产品供应链与物流服务供应链注重物流合作，体现为系统整合战略联盟。产品供应链专注自身核心竞争力而对物流业务实施外包，嵌入产品供应链的物流服务供应链承接任务。物流服务供应链嵌入产品供应链的概念模型见图3-3。

由图3-3可见，产品供应链主要由供应商、制造商及需求商组成，包括原材料上游供应商到制造商再到顾客的组织过程。在传统供应链内部，物流与信息流逆向流动，此类供应链结构适用于制造业，由于服务业无形性、即时性及同步性等特征，产品供应链理论并不完全适用。物流服务供应

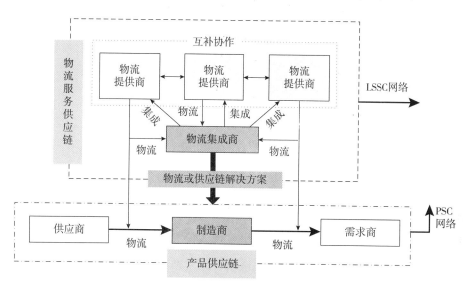

图 3-3　物流服务供应链嵌入产品供应链的概念模型

链嵌入传统供应链是为产品生产制造提供物流的网络组织，物流服务供应链主要由物流服务集成商、功能性物流服务提供商与其他服务供应商等组成，其中物流集成商提供物流或供应链整体解决方案，将物流任务交给功能型物流服务提供商或其他分包商完成，确保传统供应链产品生产制造顺利实施。因此，在嵌入性视角下疫情突发事件不仅冲击产品供应链，还通过引发企业联盟解构进而给物流服务供应链整体及参与主体造成严重影响。

　　突发事件初期对供应链体系构成冲击主要体现在物流、资金流及信息流方面。①物流方面，危机严重时国家物流企业停工停产，产品无法及时运输，影响产品交付能力与履约能力，极大增加了物流成本。风险防控管制进一步使物流业务困难重重，对物流服务供应链供需两端均造成负面影响，由于风险扩散产品购买意愿降低，购买能力下降影响下游整体收入，供应链需求拉力弱化，虽然风险防控激活线上经济活力，但快递物流受阻却伴生消费收货延迟、购买品类受限，这锁定了在线交易规模。在供给端，物流问题造成企业生产原材料供应困难，企业产能利用率下降，导致企业生产效率遭受负面冲击。②资金流方面，突发事件对供应链资金流的负面效应是宏观经济环境恶化、复工复产受限及物流延迟共同作用的效果。由于危机爆发初期动摇了全球宏观经济信心，部分商品需求效应降低，存货囤压显现，此外全球风险扩散背景下出入境管制措施出台规制国际贸易投资，全球供应链流通进一步滞后。企业无法完全复工复产，难以获得营业收入，而物流延迟致使企业原材料有限，增加商品至客户的"最后一公里"销售难度，资金回笼效率低下。③信息流方面，依托供应链体系实施精益库存策略发生重大变化，不确定性使供应链主体放大自身需求并提高安全库存水平，受风险影响供应链"牛鞭效应"显现。经济全球化背景下中国产业深深嵌入世界产业网络，风险防控出入境管制冗繁措施延长贸易通关时间，信息渠道受阻，供应链面临延迟甚至中断危机。

突发事件初期迅速扩散同样对嵌入供应链体系中的物流服务供应链产生重大影响。突发危机对我国经济社会发展造成了广泛影响，使本来处于降速和调整期的供应链产业遭受巨大冲击，物流服务供应链深受影响，复工复产大范围延迟、收入锐减，很多物流企业陷入艰难处境。物流是社会经济运转与产品供应链的重要基础，物流节点网络受到能力可得性挑战，短期寻找可替代主体困难，风险爆发初期大多物流服务于突发事件，加之流动影响，对物流服务供应链正常开展形成巨大压力。因此，有必要从突发事件出发选择应对治理对策、设计适宜应对机制，与功能型物流服务提供商、物流服务集成商、物流客户形成共同体，激励物流服务供应链参与主体按治理理论实施应对策略。综上所述，当下企业间竞争已经上升为供应链间的竞争，竞争力提升、供应链实施必然成为企业的必然途径。然而，物流服务供应链集成性、复杂性及互补性形成物流服务供应链结构脆弱性和内部目标冲突。此时，单纯采用常规物流服务供应链管理措施无法有效应对重大突发事件压力，必须引入突发事件管理思想，执行物流服务供应链突发事件治理对策，保障物流服务供应链行稳致远。学术界对于供应链突发事件研究已趋近成熟，但对物流服务供应链突发事件治理探讨不够系统深入。虽然供应链突发事件管理理论对于物流服务供应链也具有一定的适用性，但物流服务供应链突发事件相对于产品供应链或普通风险有其明显特殊性。面对突发事件，物流服务供应链参与主体不单在信息、资金、技术方面合作，而且需要超越普通合作形态来共同应对风险冲击。相对常规风险物流服务供应链聚焦内部协调问题，对突发事件处理是物流服务供应链参与主体非常规利益关系问题。因此，有必要借鉴供应链突发事件的理论，结合物流服务供应链特征从系统角度解构物流服务供应链突发事件的基本内涵，构建出风险社会时代突发事件应对挑战与治理理论框架。

第二节　物流服务供应链突发事件内涵与特征

一、物流服务供应链突发事件内涵

根据《中华人民共和国突发事件应对法》，突发事件是指"突然发生，造成或者可能造成严重社会危害，需要采取应急处置措施予以应对的自然灾害、事故灾难、公共卫生事件和社会安全事件"。突发事件具有普通风险所不具备的发生概率低、危害性大、难预测的特点，常规风险应对方式难以治理。不同级别的突发事件对人类造成的损失存在较大差异，《国家突发事件总体应急预案》将突发事件等级按照性质、可控性、严重程度与影响范围分为四级：Ⅰ级（特别重大）、Ⅱ级（重大）、Ⅲ级（较大）和Ⅳ级（一般）。物流业是国民经济基础性、先导性、连通性行业，贯穿一二三产业，衔接生产与消费，涉及领域广、发展潜力大、带动作用强。物流服务供应链从物流需求出发，共同配合形成具有多级供需关系的耦合系统，呈现出复杂系统特征，然而系统复杂度越高其脆弱度也随之增加，近年来物流服务供应链突发事件呈多领域、高频次态势更凸显现代社会对科学实施物流应急管理的迫切要求。同时，政府职能转型要求提升对物流服务供应链突发事件的治理能力，科学应对机制有助于政府行政能力升级，是实现高质量发展和国家治理能力现代化建设的必要保障。

现有关于物流服务供应链突发事件研究尚不多见，多就产品供应链风险和突发事件展开探讨，对供应链突发事件风险研究有助于深入透析物流服务供应链突发事件应对理论。供应链风险是由于供应链系统原材料供应、生产与需求等不确定因素导致的供应链运作偏离原计划的异常波动，供应链风险研究着重于系统风险识别、评估与预警等方面（晚春东等，2018；张敬等，2020）。与普通供应链风险不同，供应链突发事件更关注事件演化态势，对应研究更注重后期应急协调与治理策略（王道平和张博卿，2017；王彦伟和宋林，2019）。本书根据供应链风险和供应链突发事件内涵，结合其他领域对"风险"与"突发事件"区别辨析，将供应链风险与供应链突发事件区别与联系如下（见表3-1）。

表3-1　供应链风险与供应链突发事件区别与联系

关系	视角	供应链风险	供应链突发事件
区别	事件性质	负面事件	重大负面事件
	表现方式	隐性或显性方式表现	显性方式表现
	不确定性	包含多种威胁供应链不确定性因素	更强调事件发生后演化不确定性
	可预测性	可估计度量风险概率与损失程度，具有可预测性	难以预测，具有极大的偶然性、随机性
	突发性	风险显现时间缓和，具有对应措施	短时间突然爆发，措施准备不充分
	紧急性	演变平和，蔓延扩散慢，采用常规手段处理	演变迅速，蔓延扩散快，需要动用一切资源，迅速果断处理
	破坏性	潜在威胁，可能对系统造成破坏	真实事件，对供应链产生严重影响
	关注重点	集中在风险识别、评估与预警方面	集中在契约制定和应急处理方面
	应对措施	注重对可能性风险采取预防措施	前期预防工作和后期应急工作结合

关系	视角	供应链风险	供应链突发事件
联系	可转变性	供应链风险是供应链突发事件的发生前奏，当风险所蕴含的损害性成为现实普通风险时可转变为突发事件	
	传导性	供应链风险与供应链突发事件风险依附于各种传导载体，以不同形式传递扩散到企业内部及供应链关联企业	
	耦合性	供应链风险与供应链突发事件扩散过程具有耦合作用，放大原有事件的危害程度，增加风险的复杂性	

从供应链风险与供应链突发事件间的区别与联系可以看出，两者是危机事件过程中的不同状态，存在逐层递进和迭代演变。在供应链系统不确定性风险因素存在下，供应链风险经量变积累到临界程度进而由外部偶发因素引发危害极甚的供应链突发事件。本书以"供应链突发事件"为关键词进行搜索，筛选文献摘要，在此基础上总结当前学术者界定与描述供应链突发事件理论的基础内涵，主要从系统性、嵌入性、脆弱性与应急性视角展开探讨。

"系统性"理论观点认为系统是由部分要素以特定结构联结构成具备一定功能的有机整体。系统论强调系统整体由部分构成，但却不是简单的组合，这不仅表明孤立状态下各组成要素不存在整体功能，还反对以局部性能机械概括整体机能观点，而是认为整体内部均由在特定位置起特定作用且互相关联不可分割的组成部分。从该思路来看，供应链形成是由"系统型企业"整合外部资源完成分工合作的必然结果，供应链突发事件是由内外偶发因素直接或潜伏引起，短期内形成并爆发直接影响或中断供应链运行，带来灾难性后果的意外事件（董千里，2009；王传涛，2011）。同理，物流服务供应链形成是"系统型物流企业"整合外部物流资源实施合作分工的结果，物流服务集成商联合功能型物流企业提供高质量服务，系统内部基于物流互补构成联盟。物流服务供应链是一种典型的提供集成化物流服务的网络组织，因此基于系统经济理论观点，物流服务供应链中突发事件对集成化物流服务网络产生冲击成为可能，并给物流服务供应链带来严重打击。

"嵌入性"理论是新社会经济学研究的核心概念，该理论认为行为与制度受社会关系限制，相互独立的传统理性人观点描述并不全面。马克·格兰诺维特（2007）将"嵌入性"概念引入经济学领域，强调无论从任何视角出发探讨经济现象，都必须考察社会关系网络与群体内部互动。由于物流服务供应链是为产品供应链提供物流服务，物流服务供应链嵌入产品供应链，基于合作分工与产品供应链构建互动关系共同发展，嵌入体系形成深受产品供应链影响（张建军和赵启兰，2019）。在产品供应链网络内部存在物流、资金流和信息流，产品供应链在处理物流时需要整合外部物流资源集成为其服务，物流服务供应链嵌入产品供应链是社会分工与合作的必然结果。因此，分析物流服务供应链突发事件决策行为需要考虑所嵌入社会结构体系（如产品供应链、客户体系等），嵌入性理论是物流服务供应链突发事件整体性决策的基础。

"脆弱性"理论认为脆弱性是灾害事件前即已存在发生条件，灾害过程"涌现"放大灾害效应，是决定灾难性质、强度与结果的基本要素。供应链在外部环境动态性与内部结构复杂性叠加的作用下，脆弱性放大干扰事件作用，发生供应链中断而严重影响整体绩效。2000 年 9 月后英国相继发生抗议燃油税罢工和口蹄疫突发事件，之后学界展开了大量的有关供应链脆弱性的研究（杨康和张仲义，2013；Frostenson and Prenkert，2015；Tang et al.，2016）。目前部分国内外学者从脆弱性视角系统探析供应链突发事件，梳理供应链敏捷性、供应链柔性、供应链脆弱性及供应链弹性等成果（刘家国等，2015），指出供应链突发事件频发是以供应链脆弱为基础，可以增强供应链鲁棒性降低突发事件的负面效应（李彬和季建华，2013）。然而，当前鲜有针对脆弱性下物流服务供应链突发事件风险的研究，鉴于物流产品无法生产存储，必须据需求节奏调整物流传递策略，这导致物流服务供应链网络系统愈加脆弱。

"应急性"理论是应对重大灾害危险问题而被提出的，应急性强调突发事件问题极端重要，事关社会、组织或个人安危，需通过特别措施紧急有效处理。应急管理重点关注突发事件事前预防、事中应对与事后恢复，通过科学规划与管理制定有效的应对机制措施，促进社会健康和谐发展的相关活动。2003年SARS事件推动了应急理论实践发展，结合事前准备、信息渠道、管理体制、应急机制与法治体系系列问题，研究焦点集中在灾害管理预防、准备、响应和恢复四个阶段。学术界也从应急性出发展开供应链突发事件研究，取得了一批重要的研究成果。为防止突发事件造成灾害扩大需建立完善的供应链应急体系，加强供应链应急采购、应急储备、应急运输和风险管理。供应链突发事件应急管理是以提供自然灾害、公共卫生、重大事故等突发事件应急物资为目的、以灾害损失最低与时间效益最高为目标，通过物流功能性活动组织物资从供应地到受灾地的供应过程（马浩博等，2009；徐磊，2011；扈衷权等，2018；He et al.，2019）。不同于产品供应链风险的库存应对措施，突发事件在短时间内突然发生，对物流服务供应链极易造成重大损失，由突发事件发生后应急重要性与紧迫性可看出，物流服务供应链突发事件应急管理是降低损失与快速恢复的首要条件。

通过上述定义看出，国内外学者从不同角度描述的供应链突发事件虽然存在导向差异，但本质上均具有突发性、复杂性、紧迫性及危害严重性等相同特征。虽然供应链突发事件风险发生属于低概率事件，但发生后可能会在短时间内给供应链造成巨大损失。随着物流服务网络精益化和敏捷化发展，物流服务供应链安全稳定运营成为实现物流高效协调机制的重要前提。近年来国内外有关物流服务供应链风险的研究成果从风险内涵、发生因素及违约分类等角度讨论，为系统认识物流服务供应链风险奠定了理论基础，但均未就面向突发事件的物流服务供应链基本理论进行深入探究。要整体理解物流服务供应链突发事件这一系统性、结构性社会危机，必须诉诸系统理论，系统理论突破认识论，将物流服务供应链突发危机视为由宏观环境、中观结构和微观要素构成的整体系统。在此基础上，物流服务供应链突发事件理论构建从系统思维（宏观）出发，洞察突发事件的一般结构（中观），落脚物流服务供应链突发事件特殊要素（微观）。因此，基于学术界供应链突发事件基本理论的内涵，本书将突发事件嵌入物流服务供应链框架，融合嵌入性、脆弱性与应急性理论，指出物流服务供应链突发事件是由物流服务供应链系统内部因素或外部因素导致的负面突发性事件，对其服务过程能够造成严重影响、危害或损失，引发物流服务供应链系统性运作危机且需要立即处理的紧迫事件。

二、物流服务供应链突发事件特征

物流服务供应链作为产品供应链的子链条，突发事件不仅应该包括传统供应链突发事件的特点，同时还应具备物流服务供应链的自身特质：①物流产品特殊性，物流服务供应链突发事件研究与产品供应链存在根本区别，物流服务供应链内部传递的是物流服务而不是制造产品，物流产品包含整体性、异质性、易逝性、无形性、顾客导向性及劳动密集性等特征，物流依附制造产品实施储存、运输等服务措施实现时间价值与空间效用，嵌入服务流给突发事件管理协调带来根本性转变；②库存管理无效性，产品供应链应对突发事件措施主要采取提高企业冗余水平来增强供应链鲁棒性与弹性，而物流服务无形性、即时性及生产与消费同步性特质决定了库存协调不再是物流服务供应链突发事件协调的核心问题，传统经典协调策略不再适用；③质量监控困难性，应对突发性风险时产品供应链通常提供的是成品或半成品，制定出统一品质的产品相对较容易，而物流服务供应链对上游提供商的物流产品质量有效性监控成为难题，逆向选择与机会主义行为易出现道德风险，物流服务供应链突发事件协调性无法保障；④集成控制整体性，现代物流服务供应链由集成平台利用信息技术实现物流资源整合与共享，面对突发事件参与主体仅关注自身利益将导致链条部分甚至全部断链失效，物流服务供应链须从整体性出发提升突发事件的应对效率。物流服务供应链突发事件以上特征决定了其比传统供应链突发事件治理应对更具难度，但在正确透视物流服务供应链突发事件情景类型的基础上，采取有效治理方法仍能使物流服务供应链快速恢复并获取新的竞争优势。

第三节 突发事件下的物流服务供应链风险情景挑战与表征

物流服务供应链多层网络是围绕物流服务集成商的复杂网络系统，链接产品供应链与物流服务提供商，任何环节受到冲击均会引发系统异常甚至崩溃。有效的情景分类对识别重大危机与制定应对策略非常重要，明确突发事件来源是界定物流服务供应链情景挑战的必要依据。在产品供应链领域，国内外学者普遍从结构视角将供应链风险界定为供应风险、运作风险、需求风险及环境风险等类型（Sheffi，2001；Uta，2005；张宁和刘春林，2011；Jabbarzadeh et al.，2016），这为解构物流服务供应链突发事件情景提供了理论基础。物流服务供应链是为保证产品供应链物流运作提供物流服务的复杂协同网络，其网络节点是代表不同功能或地域功能型物流服务供应商，如仓储提供商、运输提供商等，作为物流服务集成商的供应商，提供商利用自身服务为集成商提供专业化的物流服务。物流服务供应链网络内部存在若干条通过集成商组织提供商最终完成物流需求的完整业务路线，相同路线企业具有明确上下游次序，表示物流服务供应链突发事件受到来自供给环节、运作环节及需求环节的情景挑战。借鉴产品供应链突发事件情景研究观点，确定重大风险危机冲击物流服务供应链主要集中在供应环节、运作环节及需求环节三种情景。突发事件通过各类物流服务供应链风险潜在因素冲击协同网络，这些不确定性因素对物流供给、传递效率及需求程度等带来负面效应，造成物流服务供应链系统失效事件发生。因此，可按供给、运作及需求等结构情景界定物流服务供应链突发事件风险挑战类型。

一、供给挑战：突发事件下的"供给失效"与"价格失控"

物流服务供应链供给体系主要包括上游各类型功能型物流服务提供商，而提供商需要接受来自物流服务集成商的任务分配方案。重大突发风险危机下供给环节挑战情景是受突发事件风险影响，物流服务供应链供给结构内功能型物流服务提供商无法提供有效物流供给进而导致的供给性重大突发事件，此类重大危机直接延迟物流服务供应链履约时效，迫使物流集成商不断调整流程，降低物流服务供应链应对市场变化的柔性。突发危机冲击使物流提供商出现能力供给不足、功能缺失、功能失效及合作违约等"供给失效"，负面效应造成物流提供商供给结构发生变化，此时考验物流服务供应链应如何应对以实现供给能力决策最优化。此外，突发重大危机切断功能型物流服务提供商的供给路径，无法按时履约出现"价格失控"现象，短期服务价格急剧飙升。特别是原材料或零部件来自突发事件风险高发区或途经高风险区，都对物流服务供应链供应环节发起强大挑战。例如，2020 年 1 月 DHL 公司报告指出受疫情影响，武汉长江沿岸出现严重货运中断，港口物资积压，卡车运输、铁路运输服务近乎全部中断。经济全球化趋势下供应链分布至全球，疫情防范使全球供应链体系面临巨大的不确定性和调整风险，在全球供应链体系中，跨境物流服务供应链链接供应链链条上下游，保障货物与服务跨国流动。疫情在全球蔓延期间，各国采取延迟复工措施，一些国家因疫情导致与武汉甚至中国航空运输不能正常进行，从成本端来看即便公路货运企业逐步开始复产复工，但日常防疫工作持续投入，在业务量急剧萎缩的背景下再加上分拨中心与运输车辆等固定成本投入短期内无法快速分摊，物流成本短期内必然大幅上涨，物流服务集成商必须以较高的价格持续采购服务来满足客户需求，进一步表明供给环节突发事件情景将引起供应网络体系异常，对物流服务供应链运营与物资供应产生巨大影响。

二、运作挑战：突发事件下的"链条中断"

物流服务供应链运作环节指物流服务集成商基于顾客导向设计具体实现客户订单的综合决策方案，运作决策目的是要减少不确定因素的影响，在集成商配置与计划政策约束下取得最优效能。该阶段内物流服务集成商受物流需求驱动给上游各功能型物流服务提供商分派订单，提出任务完成要求与指定任务完成时限，维持物流服务供应链供给、需求及资源约束有效平衡。相对供需网络而言，重大突发风险危机下运作环节突发事件是突发危机导致物流服务供应链核心主体由于计划、组织、实施和控制等运作流程失效，物流服务集成商无法实现物流能力有效实施而产生的集成商运作失效。运作环节突发事件情景挑战直接冲击物流集成商企业自身，导致物流服务供应链系统"链条中断"。受突发风险危机影响，大环境和平台运力供需都对干线平台正常开展造成影响，重点物资、应急物资保障给物流集成平台提出应急需求，在开展运力紧急动员、撮合供需两端及平台兜底方面，物流集成平台发挥独特的作用和价值，突发事件初期政企协同模式下应急物流调度集成体系受到严峻考验。例如，疫情防控初期，救援物资涌向湖北，确保所需物资能在遵守防疫规定情况下快速准确进入灾区，物流集成系统遇到了前所未有的考验。然而，常态下物流集成体系平缓，对应对突发事件的快速急迫节奏表现出措手不及的"混乱"，重大危机期间应急物流集成监控和响应计划缺少透明性，数字化平台应用并不普遍，在应急物流中供需不匹配、不精准，使救援物资从绿色通道争抢出的宝贵时间消耗在了"最后一公里"的物流环节，出现了类似全国支援医疗物资密集到达灾区时，而武汉协和医院在领抗疫物资时不顺畅，山东寿光捐赠的蔬菜运抵武汉后不能及时到达消费者手中，这就是典型且严重的应急物流集成能力缺失问题。值得说明的是，虽然近年来我国物流产业飞速发展，许多物流公司盲目宣布向第四方物流集成商转型，但发展第四方物流需要高水平的流程管理、组织管理及关系管理等能力要素，转型企业并未就我国实际情况依托完整产品供应链管理体系进行科学论证，不同物流企业开发不同系统，集成环节割裂，供需信息不对称、转运对接困难，运作期间无法根据不同客户要求提供最优解决方案，这些都给突发危机期间物流服务供应链爆发运作突发事件带来潜在风险。

三、需求挑战：突发事件下的"需求骤增"与"需求骤降"

物流服务供应链需求环节是从下游规模客户需求出发逆向传递确定物流容量，由物流服务集成商影响物流服务供应链上游供给主体能力决策。需求环节突发事件是，因突发危机冲击物流市场产生市场突变、竞争加剧、顾客偏好变化等需求大幅波动，逆向传递效应受阻产生的需求突发事件风险，其包括"需求骤增"和"需求骤降"两种情景，通过类似产品供应链"牛鞭效应"影响上游能力决策参数。下游市场是物流服务供应链生存的根本，物流必须根据最终需求将产品实时传递给客户，生命周期短及不可提前存储等单周期产品特性决定了物流服务供应链的需求波动风险更甚，需求突发事件对物流服务供应链运作决策有较大的影响。首先，重大突发危机通过冲击部分产品供应链波及嵌入其中的物流服务供应链，物流市场需求骤然降低。以汽车供应链为例，汽车供应链是包含各类供应商、制造商、物流商、销售商等复杂系统，主体是零部件等物料供应体系。汽车企业间的竞争本质是体系能力与供应链竞争，建立高效协同、有竞争优势的供应商体系，是汽车企业良性发展的前提。进口零部件主要来自欧、美、日、韩等汽车产业发达国家和地区，这些国家和地区在疫情初期都已是疫情高风险国家，这对国内外资品牌和中国品牌汽车企业的正常生产经营带来很大的威胁。高风险地区供应商因疫情影响，国内外物流受阻，物料供应无法保障。汽车供应链体系高效协作和零部件供应体系遭到破坏，物流服务供应链下游需求市场面临直接冲击。其次，受突发事件影响，部分产品供应链需求突发性增加还将引发物流需求市场"需求骤增"，给物流服务供应链带来压力。由于疫情发生在春节假期，春节期间物流企业难以迅速释放产能，日常分支物流需求放大化，导致小众物流资源无法满足短期放大化需求，如医药物流、居家消费生鲜冷链物流、农村物流等。各省市防疫导致物流干线运配面临挑战，县乡镇应急物流方案仍是空白，难以在安全与通畅间实现平衡，出现了医疗、防护物资严重短缺，农产品、生鲜产品等生活物资供需失衡等情况，物流服务供应链企业必须采取有效措施应对疫情挑战。

第四节　风险社会时代物流服务
供应链突发事件治理应对

　　应对突发事件能力是衡量物流服务供应链能力现代化的重要维度。重大突发风险危机是对当前我国物流服务供应链体系与治理能力的严苛考验。突发危机对物流服务供应链影响效应与主体作用机制各异，应针对性制定防范措施降低突发事件冲击，提升物流的安全运营效率。当前传统供应链应对突发事件的措施主要包括鲁棒性策略与弹性策略两种方案（Pal et al.，2015；Sahu et al.，2017；周健和石德晓，2018；翟佳等，2019）。供应链鲁棒性策略强调当供应链受不确定因素干扰时，保持收益与持续性能力宜采用稳健措施应对突发事件，提高库存冗余水平、多源采购模式等应对外部环境变化，实践证明供应链鲁棒性策略能够体现出抗风险能力。同时，部分学者从供应链弹性角度对突发事件展开探讨，弹性供应链策略主张不增加或很少增加对常态系统资源的占用，面对突发事件能够做出韧性反应的供应链应急策略，以低成本消耗实现供应链内外部环境适应性。由于物流服务供应链以能力协调提高运行效率与效益，而物流产品附有的异质性、易逝性、不可分割性及顾客影响等特征致使物流服务供应链无法通过库存管理解决突发事件问题，需利用纵横向结构组织突发事件应急体系，形成风险阻抗机制。物流服务供应链应对突发事件需要纵向"协调线"与横向"协作线"共同发力（见图3-4），纵向协调利用物流服务供应链上下游企业签订抗突发事件性契约对冲风险，提升整体应急能力。横向协作则以集成商收益共享为核心主导资源跨链调度，强化安全防护。根据突发危机下物流服务供应链风险情景挑战及表征框架，风险社会时代物流服务供应链可围绕纵向协调与横向协作展开治理范式转换，实现物流服务供应链治理能力迭代升级。

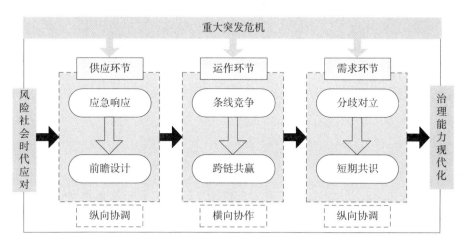

图 3-4 风险社会时代物流服务供应链突发事件治理框架

一、前瞻设计替代应急响应，构建常态性供应突发事件应对机制

从社会风险理论来看，风险危机已嵌入当前生产生活并成为结构性要素，影响着社会变迁和治理。当风险防控成为常态化，要求构建前瞻性物流服务供应链供给突发事件应对机制。当突发危机影响物流服务供应链供给能力或供给传递时，供给突发事件不仅直接引发物流服务供应链供给匮乏，还间接导致物流服务供应链成本短期大幅波动而危害整体绩效。物流服务供应链要统筹引导，在建立健全突发危机治理体系的基础上从纵向协调视角考虑危机风险和影响，利用期权契约纵向联合策略制定供给突发事件精准应对预案，避免"头痛医头，脚痛医脚"的被动应急式危机处理方式。应急响应设计模式缺乏事先准备、预测及长远预期，所设计的应对方

案缺乏前瞻性与可操作性，相反，前瞻性设计模式提供了危机治理新蓝图，为危机治理现代化提供有效参照物，清晰指示突发事件治理战略目标乃至终极目标。首先，物流服务集成商多源采购模式能够降低突发危机对供给系统削弱的可能性，减少对单一提供商的依赖程度，分散风险路径。学界与企业界针对产品供应链领域备用采购问题已开展深入研究，给出了协调机制与治理策略（Li et al.，2016；甄德云和曹富国，2020）。例如，在市场需求看涨阶段，由于飞利浦公司发生火灾事件致使供应失效，爱立信公司当季损失近 4 亿美元的销售额，市场占有率由 12% 降至 9%，此后爱立信决定对产品结构实施重大战略调整，采用后备供应商模式生产外包降低供给风险。产品供应链供应突发事件多源采购策略及企业界实现供应链多源决策对物流服务供应链制定前瞻性治理对策具有重要启示。考虑重大突发危机事件对物流服务供应链供给系统的冲击效应，物流服务集成商决策目标是风险社会时代物流供给需要克服供应突发事件影响，同时达到期望收益最大化。备用功能型物流服务提供商作为集成商的后备供给资源，当主供应系统受到风险冲击时，物流服务供应链启动多源备用能力实现风险应对治理，因此引入备用供应商对治理物流服务供应链供给突发事件具有重要意义。其次，突发危机下物流成本上涨引发提供商和集成商利润萎缩，采购价格稳定是物流服务供应链取得理想合作绩效的必要条件。针对物流服务供应链的价格突发事件，可利用期权契约的物流服务供应链组合采购策略化解价格风险问题。通常存在两种物流服务供应链能力采购模式，即销售来临前契约采购与销售来临后现货采购。面对风险社会时代下的物流服务供应链价格突发事件，以纵向契约提前于销售期支付给功能型物流服务提供商期权费的期权合约采购模式，期末可获得按事先约定执行价格购买约定能力体量的权利，在销售期时可通过现货市场即时采购物流服务供应链所需的物流产品。因此，采用期权与现货采购融合手段来解决风险防控常态化背景下的物流服务供应链价格突发事件，能够得出采购交易最优决策参数。

二、跨链共赢替代条线竞争，建立集群性运作突发事件应对机制

重大突发危机影响单链条物流服务供应链运作，通过物流服务集成商体制不完善、缺乏灵活性及信息不对称等缺陷使核心企业计划、组织、实施与控制等运营过程混乱，上下游物流供需不再存在业务联结，物流服务供应链系统瘫痪崩溃，集成商作为治理主体与信息平台无法及时发布应对运作突发事件的解决方案，给物流服务供应链致命打击。在供应链横向协作的理论框架下，收益共享理念能够指导风险社会时代下物流服务供应链运作中断突发事件的治理措施，将传统供应链对立分割设计转向跨链联动，构建并求解利益共享模型存在的最优解条件与优化措施来平衡各方协调利益主体的诉求，基于反馈信息对治理方案及时实施调整改进。在市场竞争环境下，物流集群内部竞争激烈，特别是"互联网+"背景下物流服务供应链集成商平台市场占有率竞争近乎白热化，不同单链集成商间存在的跨链竞合协调，随着突发危机复杂化，单一主体不可能具备解决危机的全部知识与技能，外部危机迫使物流服务供应链企业必须适应内部运作的突发性风险，有效的重大危机治理需要多方力量参与共同提高物流安全水准。在应对重大突发危机时，物流服务集成商强有力的引导物流链力量参与抗风险行动，但是分割竞争治理模式不仅造成物流服务供应链自身治理效能低下，同时抑制其他有生力量抗击危机空间。因此，风险社会时代下的物流服务供应链运作突发事件要走出对立分割治理的"全能主义"困局，治理对策可由独立线性结构向多元联动协同转变。横向跨链协作可以有效扩大运作突发事件治理主体参与的广度，收益共享则能提高运作突发事件治理主体参与的深度。横向跨链协作主张物流服务供应链在突发事件

期间放弃零和危机治理思维，在宏观统筹的前提下给竞争者让渡参与空间，凝聚多元主体形成集群化协同联动运作突发事件应对机制。风险社会时代下治理的"复杂性"同样要求以收益共享构建物流服务供应链跨链联动机制，引导多主体更加系统地规划和建设物流集成平台，不仅要提升平台外部抗压功能，还要优化集成平台的内部运作功能，面对突发事件风险带来的运作危机实施"革新式"与"突破式"反常规行动，创造性地探索应对运作突发事件的共赢举措，为物流服务供应链安全有效运作提供保障。

三、短期共识替代分歧对立，构建针对性需求突发事件应对机制

重大突发事件危机对物流服务供应链系统造成强大冲击，也是我国物流领域改革的一次契机。但改革并非常规行动，面对短期危机甚至需要"改变""突破""超越"等反常规行动，引导各主体在危机治理过程中达成短期共识对危机治理意义重大。从物流服务供应链结构来看，能力需求是物流服务供应链的推进动力，重大突发危机引发出的物流需求不确定性直接冲击各级企业主体的物流能力决策，需求突发事件致使物流需求弹性在短时间内发生急剧变化，物流服务供应链上游成本波动，危害链条的稳定性，类似应对供给突发事件，物流服务供应链可采用纵向协调方案来治理需求突发事件风险。风险社会环境下需求突发性增加时，由于物流服务供应链供给能力的有限性，确保损失降至最低必须综合考虑客户的重要程度和服务时效，设计优化模型来制定突发性需求增加治理对策，针对物流时效提出物流服务供应链任务分配措施是解决需求突发增加的有效方案。突发事件期间，物流服务供应链依托社会化物流进行系统设计、重新整合与优化配置，实现社会化物流部分要素和功能在最短时效内向应急物流形态转化，满足应急物流保障需求。突发危机期间，服务时效性是物流服务

供应链的重要影响因素，下游重要客户需求无法保障导致客户服务满意度降低，针对因物流服务需求相关信息不透明不通畅而影响系统协调性等问题，通过构建国家级供应链信息协同平台并融入云计算、大数据、区块链及人工智能等技术，链接聚合应急预案、应急储备、应急响应、应急物流等整个物流流程，实现社会化应急物资的高效运转。例如，阿里巴巴集团开通"防疫直采全球寻源平台"，通过平台将全球商贸及生产企业上传的医疗物资供应信息与平台发布的需求信息进行自动匹配，之后由阿里巴巴集团直接将医用口罩等紧缺防疫用品以最快速度送达医护人员手中。与此同时，风险社会时代下部分产业链萎靡，需求突发性降低打破物流服务供应链原有的供需生态平衡，影响系统定价与利润创造，加剧主体矛盾冲突演化，物流服务供应链价值网络体系面临解构。此时的产品供应链通常以制造商补偿策略作为维持可持续运作的有效手段（Zhang, 2014; Hjaila et al., 2016; 刘新民等, 2019）。同理，物流服务集成商是物流服务供应链应对外部危机的中坚力量，在风险社会时代，下游需求危机不仅需要集成商主导系统行动，同时还要功能型物流服务提供商行动配合，类似供应链突发事件治理措施，为维护物流服务供应链系统的整体稳定，短期内核心平台通过补贴策略向上下游企业提供暂时性收入支持以此来对冲风险外部环境冲击，围绕管理、绩效、可持续性等系统要素实施多层面与多维度行动来维持物流服务供应链供需平衡体系，引导各级各类行动主体掌握危机应对的主动权。

第五节　本章小结

在现代化进程中，随着生产力的指数式增长，潜在危险的释放达到了前所未知的程度（乌尔里希·贝克，2004），物流服务供应链面对的外部环境日趋复杂，风险社会危机无处不在。本书以此为契机对物流服务供应链突发事件展开研究：首先，结合物流服务供应链的典型结构与基本特征，从重大突发危机透视物流服务供应链突发事件理论研究的必要性；其次，在明确供应链风险与供应链突发事件区别与联系的基础上，从系统性、嵌入性、脆弱性及应急性等理论视角界定与描述供应链突发事件理论，提出物流服务供应链突发事件的基础内涵，阐述物流服务供应链突发事件的特殊性质；再次，依据物流服务供需结构，将重大突发事件背景下的物流服务供应链突发事件情景分为供应突变、内部失效与需求突变三种类型，作为制定针对性治理对策的基础；最后，基于纵向协调与横向协作机制提出物流服务供应链应对突发事件的治理对策。

供给风险视域下物流服务供应链质量协调机制研究

本章主要内容：①针对物流服务供应链质量合作信息不对称问题，探索以合约化手段控制物流服务供应链质量的理论方法；②考虑O2O模式下物流服务供应链持续发展不仅与线上市场品牌有关，同时还受到线下物流服务质量的影响，在物流服务供应链初始需求基础上引入提供商质量和集成商平台品牌对物流市场的作用程度，形成O2O模式下的物流质量决策机制；③本章小结。

第一节　信息不对称下物流服务供应链质量激励机制研究

一、研究背景

随着服务经济的爆炸性发展，服务经济开始在世界经济中发挥着重要作用。服务业正代替制造业带动经济增长，越来越多的制造企业也开始从服务部门获取更多的利润。伴随产品服务化兴起，服务外包不断增长，现代物流服务外包整体性、复杂性提高，各类物流组织从物流需求出发共同配合形成具有多级供需关系的完整物流服务体系，进而构成了物流服务供应链（刘伟华，2007）。作为跨企业组织，物流服务供应链是由不同层级物流服务集成商和功能型物流服务提供商构成的崭新管理模式，是以物流服务保证产品供应链运作的复杂社会协同网络。物流的本质是服务，质量是物流服务供应链企业的生命。然而，由于物流服务供应链内部主要涉及能力协调，与其他服务型产品同样具备无形性、过程性、异质性、即时性及不可存储性等特殊性质，这使物流服务供应链相比产品供应链更加复杂，特别是物流服务供应链各主体间信息不对称问题，导致供应链运作过程效率低下，物流质量令人担忧。在供应链小批量多批次快速生产模式下，物流服务供应链形成由各类提供商、集成商、规模客户等多主体组成的"集成化"产业，物流质量是保障物流服务供应链运作效率和各主体收益的前提条件。物流服务供应链各成员间质量信息传递与分享，私有信息预测与甄别是供应链质量观测的重要内容。私有信息不对称性对物流服务供应链主体决策产生影响，进而产生物流质量管理决策问题，因此亟须对信息不对称性情形下物流服务供应链质量协调展开探究，有效避免质量风险问题。

服务供应链作为供应链新方向已成为服务企业提高竞争力的新途径，可以借助传统供应链理论与服务业理论结合开展研究。物流服务供应链作为一类重要的服务供应链，已被广大学者提出并持续研究。由于物流产品必须根据最终客户需求实时传递，参与成员间的协调优化是取得理想合作绩效的必要条件。Basligil 等（2011）发现通过整合第三方物流服务提供商，所形成物流服务体系在能力协作方面效果显著。Adenso-Díaz 等（2014）指出优化企业间物流合作关系是降低供应链成本、提高竞争力的有效途径。通过引入博弈论、仿真模型等对物流协调进行定量研究，能够对物流服务供应链进行系统性考察。Huo 等（2015）比较需求不确定条件下契约型与关系型物流交易的最优策略问题。Giri 和 Sarker（2017）通过第三方物流服务提供商契约协调改善供应链绩效水平，利用回购与收益共享契约减少物流中断损失。Liu 等（2019）将风险规避行为因素纳入物流服务供应链，指出行为因素对需求更新服务能力采购决策的影响。张建军和赵启兰（2019）得出两方合作与多方合作决策模式博弈情形的优化状态。物流服务供应链激励同样是物流供需重点关注内容，学者基于期权契约制定激励策略，Zhang 等（2015）进一步指出服务价格是可持续合作的关键要素，制定了第三方功能型物流服务提供商提供运输服务的动态定价激励策略。鄢飞（2017）构建了物流服务供应链双重委托代理模型，分析基于公平偏好的物流服务供应链协同运作模式。张广胜等（2020）探讨集成商物流价格变化实现物流提供商与物流客户的帕累托改进路径。虽然物流服务供应链能力协调为开展质量管理奠定了理论基础，但上述成果并没有结合契约合同探讨物流服务供应链质量问题，物流产品性质决定了在物流服务供应链决策时需要考虑质量要素，物流质量作为物流服务供应链核心竞争优势是影响顾客满意度、竞争优势、市场份额及企业利润的重要因素，单纯以能力协调得出决策结论可能与实际存在偏移。

供应链质量管理（Supply Chain Quality Management，SCQM）以供应链视角解决质量问题，是供应链管理和质量管理的交叉研究。Bastas 和 Liyanage（2018）梳理质量管理和供应链管理专题文献，构建出两者集成的协同效应模型。Huo 等（2019）采用配置方法确定出由不同层次供应商、内部和客户质量组成的供应链质量集成管理模式。曹裕等（2019）比较全检、抽检、分批抽检及组合策略对零售商订购决策与质量控制的效率影响。孙晋怡等（2020）分析延保时间、质量努力成本、延保服务比例及产品维修率对均衡决策及利润的影响。以上文献对供应链质量管理内涵、结构及合作协调展开探讨，对物流服务供应链质量管理具有重要的借鉴价值。供应链质量激励契约是参与成员以约束措施激发、引导和规范企业质量行为，提高供应链质量收益，促使供应链接受契约约束（Giovanni et al.，2016）。Huang 和 Yang（2016）研究零售商契约设计与供应商信息披露决策问题，制定零售商对供应商的激励策略。Zhong 等（2016）指出质量管理与供应链管理的协同性，采用结构方程验证了供应链质量绩效关系。Yoo 和 Cheong（2018）构建供应链质量激励框架，分析了激励机制对供应链绩效的影响机制。王谦等（2018）研究非对称信息下供应链质量激励问题，根据零售商是否共享质量检测信息将非对称信息下的风险分为单边道德风险与双边道德风险。邢鹏和何天润（2020）运用博弈理论优化得到不同模式下的外卖服务供应链的最优质量控制策略和最优利润。综上所述，博弈理论是产品供应链实施质量控制的有效方法，目前相关研究重点关注产品供应链质量协调，鲜有建立模型分析不对称信息条件下的物流服务供应链质量决策。基于此，本书选取的物流服务供应链质量激励为研究对象，考虑其物流质量依赖于物流服务集成商组织能力和功能型物流服务提供商执行能力，采用埃奇沃斯盒模型揭示物流服务供应链质量合作机理，建立集成商与提供商契约曲线的"质量—利益"方案集合，将物流质量的不对称信息条件融入的物流服务供应链激励契约框架，引入物流服务集成商与功能型物流服务提供商的道德风险与逆向选择情形对物流服务供应链质量激励契约进行设计，通过斯塔克尔伯格博弈模型实施物流质量合作决策，提出物流服务供应链质量管理的有效措施。

二、问题描述

当前市场竞争日趋激烈，高质量物流是物流服务供应链取得竞争优势的必要条件。在物流服务集成商与功能型物流服务提供商合作过程中，物流服务集成商依据顾客需求设计方案并向功能型物流服务提供商发出质量标准，功能型物流服务提供商为满足要求投入相应资源保障物流质量，物流服务集成商投入质检资源来确定"质量—收益"的有效配置。由经济学中的边际效用递减定律可知，随着物流质量的提高，物流服务供应链边际质量收益降低，功能型物流服务提供商质量保障成本将大幅提升。由于埃奇沃斯盒模型适用于考察配置资源与生产效率，引入埃奇沃斯盒模型揭示物流服务集成商与功能型物流服务提供商质量合作机理，明确"质量—收益"互惠互利配置点（见图4-1）。其中，图4-1右上顶点代表集成商 O_I，左下顶点代表提供商 O_F，图长代表质量收益，图宽代表物流质量。凸向原点的无差异曲线 Z_I 和 Z_F 分别表示物流服务集成商与功能型物流服务提供商"质量—收益"边际技术替代率，当任何改变都无法使收益改善时则实现帕累托最优交换标准，Z_I 和 Z_F 切点共同构成质量交易曲线 Y，其所有点是实现质量交易的收益均衡点。

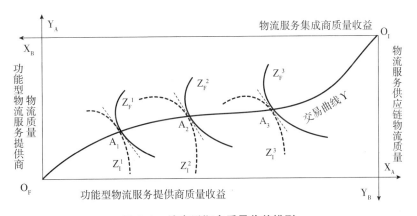

图4-1　埃奇沃斯盒质量收益模型

图4-1无差异曲线 Z_I 和 Z_F 相切 A 处，此时实现"质量—收益"有效配置，即帕累托最优交换标准，连接有效配置点形成交易曲线 Y。在交易曲线 Y 上，物流服务集成商只能确定唯一的最优配置方案 A^*，即在点 A^* 取得最优质量收益。为保障物流服务集成商与功能型物流服务提供商质量

交易出现在最优配置点，物流服务集成商需设计质量契约激励功能型物流服务提供商取得自身最优利益并主动规避道德风险。委托代理根据所提供服务数量或质量支付相应报酬，为解决物流服务供应链质量激励问题提供了基础性框架。物流服务供应链物流质量是功能型物流服务提供商的私人信息，物流服务集成商以事后检验形式确认实际质量，因此物流服务供应链存在不对称信息导致道德风险与逆向选择问题，需要设计能够引导功能型物流服务提供商的主动执行高质量物流的激励契约。博弈论作为了解决策主体行为发生直接相互作用时的决策理论，被广泛应用于供应链激励领域，非合作博弈能够解决不对称信息下物流服务供应链的质量契约问题。在委托代理激励契约模型中，当功能型物流服务提供商执行高质量物流时可取得较高的质量收益，否则物流服务集成商实施惩罚措施引导功能型物流服务提供商消除不对称信息产生的交易风险。

三、物流服务供应链质量委托—代理模型

（一）集成商与提供商质量合作流程

在物流服务供应链质量合作内，物流服务集成商以客户需求为导向实施采购，并于服务结束后检验质量水平，物流服务集成商与功能型物流服务提供商共同确认检验结果并交付客户。物流服务集成商确认对功能型物流服务提供商支付费用或惩罚力度后完成费用结算。如果物流质量未达标准，物流服务集成商需对客户实施补偿，同时产生声誉损失。假设物流服务集成商向功能型物流服务提供商提出质量标准 q 容差区间控制为 $[q_L, q_H]$，其中 q_L 为容差下限，q_H 为容差上限，最优质量值 $q_B \in [q_L, q_H]$。物流服务集成商和功能型物流服务提供商质量合作步骤如下：

第一步：方案设计。物流服务集成商获得物流需求后设计方案，选取

功能型物流服务提供商协同完成任务。

第二步：提供服务。功能型物流服务提供商按物流服务集成商质量标准实施服务，保障质量标准。衡量实际质量 q 与最优质量距离 $d=|q-q_B|$ 作为功能型物流服务提供商评价指标。功能型物流服务提供商质量符合容差区间努力函数 $P_F(d)$，并且 $P'_F(d)\leqslant 0$，即 $P_F(d)$ 为 d 的减函数；若质量未达标准，即 $q\notin[q_L,\ q_H]$，功能型物流服务提供商努力函数 $P_F(d)=0$。

第三步：检验质量。功能型物流服务提供商任务结束时物流服务集成商对结果实施质检，确认质量水平。由于物流服务集成商质检存在误差，假设质检结果 $q_I=q+\varepsilon$，ε 表示质检值 q_I 与实际质量 q 的偏差。物流服务集成商质检努力函数为 $P_I(|\varepsilon|)$，并且 $P'_I(|\varepsilon|)\leqslant 0$，即 $|\varepsilon|\to 0$ 时物流服务集成商付出更多努力投入质检环节。

第四步：质量确认。物流服务集成商将质检结果 q_I 通报给功能型物流服务提供商，共同确认物流质量 $\hat q$ 作为报酬依据。若 $|q_I-q_B|<|q-q_B|$，即物流服务集成商检验值 q_I 优于功能型物流服务提供商实际质量 q，功能型物流服务提供商接受检验结果 $q_I=\hat q$ 获取额外报酬。若 $|q_I-q_B|\geqslant|q-q_B|$ 且实际质量 $q\in[q_L,\ q_H]$，当功能型物流服务提供商不接受物流服务集成商质检结果 q_I 时，将按约定成立由物流服务集成商与功能型物流服务提供商组建的质检机构展开检验，假设质检机构能对实际质量做出正确认定，即 $\hat q=q$，检测成本 $C_{\hat q}$ 由双方分担，物流服务集成商分担比例 $\lambda(0<\lambda<1)$。假设 $|q_I-q_B|\geqslant|q-q_B|$ 且质量 $q\notin[q_L,\ q_H]$，当功能型物流服务提供商自知质量未达标准而接受结果，避免分担质检成本 $(1-\lambda)C_{\hat q}$。

第五步：客户确认。物流服务集成商与功能型物流服务提供商确认质量，任务完成。假设物流服务集成商交付前确认质量问题，客户仅要求物流服务集成商实施补偿，此时物流服务集成商支付补偿成本 C_r，物流服务集成商与功能型物流服务提供商分担 αC_r、$(1-\alpha)C_r$，其中 $0\leqslant\alpha\leqslant 1$。若物流服务集成商交付前未确认质量问题，物流服务集成商将面临补偿成本 C_r

和声誉损失成本 C_p。

第六步：服务结算。假设最终质量 $\hat{q} \in [q_L, q_H]$，物流服务集成商按质量收益函数 $I(\hat{q})$ 支付功能型物流服务提供商价值。假设质量 $\hat{q} \notin [q_L, q_H]$，可认定质量不合格，作为惩罚，物流服务集成商不支付本次费用，功能型物流服务提供商不仅还承担质检机构成本，物流服务集成商还可享有价格折扣 δ。

（二）提供商收益结构

假设功能型物流服务提供商质量努力函数为 $P_F(q) = \chi - d = \chi - |q - q_B|$，式中 χ 表示功能型物流服务提供商最高努力水平。功能型物流服务提供商质量收益结构如下：

（1）服务收益 $I(\hat{q})$。假设物流服务集成商与功能型物流服务提供商确认质量 $\hat{q}$，物流服务集成商支付质量报酬 $I(\hat{q}) = a + f(q)$，式中 a 表示固定支付，$f(q)$ 表示变动支付，$\partial f(q)/\partial q > 0$，$\partial^2 f(q)/\partial q^2 > 0$。假设功能型物流服务提供商质量不合标准，即 $\hat{q} \notin [q_L, q_H]$，物流服务集成商支付费用 $I(\hat{q}) = 0$。

（2）努力成本 $C_F(q)$。为实现高质量服务，功能型物流服务提供商投入优质资源，如先进设备、专业人员及管理体系。功能型物流服务提供商成本由固定成本和变动成本组成，b 属于功能型物流服务提供商固定支出，该部分与质量无关。变动成本与功能型物流服务提供商质量相关，质量努力函数 $C_F(q) = g[P_F(q)]$，对于望大属性，实际质量 q 逼近最优质量 q_B 的难度越高，变动成本则越高，$\partial C_F(q)/\partial q > 0$，$\partial^2 C_F(q)/\partial q^2 > 0$；对于望小属性则相反。

（3）惩罚成本 S。假设 $|q_I - q_B| \geq |q - q_B|$ 且 $q \notin [q_L, q_H]$ 时，功能型物流服务提供商不合质量标准，按惩罚要求功能型物流服务提供商再次提供质量 q 时，惩罚成本 $S = I(q) - \delta I(q) - C_{\hat{q}} - b - C_F(q)$，$I(q)$ 为质量 q 时的

服务收益。若价格折扣 $0<\delta\leqslant1$，功能型物流服务提供商能获得质量收益；若 $(1-\delta)<0$，功能型物流服务提供商支付违约 $(\delta-1)I(q)$。

（4）质检成本 $(1-\lambda)C_{\hat{q}}$。假设功能型物流服务提供商不认可物流服务集成商的质检，即 $|q_I-q_B|\geqslant|q-q_B|$，$q\in[q_L,q_H]$，质检机构介入质检的功能型物流服务提供商分担比例为 $(1-\lambda)$。

（5）赔偿成本 $(1-\alpha)C_r$。顾客要求物流服务集成商补偿，功能型物流服务提供商承担 $(1-\alpha)C_r$，$0\leqslant\alpha\leqslant1$。

（三）集成商收益结构

物流服务集成商的质量收益结构如下：

（1）质量增值 $V(q)$。功能型物流服务提供商提供高质量服务时，客户满意度提升、价格上涨，物流服务供应链收益增加促进物流服务集成商获取增值收益。假设物流服务集成商质量增值收益为 $V(q)$，$\partial V(q)/\partial q>0$，$\partial^2 V(q)/\partial q^2<0$，$q\in[q_L,q_H]$。若 $q\notin[q_L,q_H]$，物流服务集成商不存在质量增值，则 $V(q)=0$。

（2）质检成本 $C_I(\varepsilon)$。物流服务集成商将在功能型物流服务提供商服务结束后对质量实施检验，确定质量是否符合要求，同时为使物流服务集成商质检 q_I 与实际质量 q 偏差 ε 趋于0。物流服务集成商投入的质检资源形成质检成本 $C_I(\varepsilon)$，并且 $\partial C_I(\varepsilon)/\partial\varepsilon>0$，$\partial^2 C_I(\varepsilon)/\partial\varepsilon^2<0$。

（3）质检机构成本 $\lambda C_{\hat{q}}$。假设功能型物流服务提供商不接受物流服务集成商的质检结果 q_I，将由质检机构展开检验，物流服务集成商费用比例为 λ。

（4）惩罚收益 U。假设功能型物流服务提供商未达到质量承诺 $q\notin[q_L,q_H]$，功能型物流服务提供商再参与时，物流服务集成商享有 δ 价格折扣，物流服务集成商收益 $U=V(q)-(1-\delta)I(q)$。

（5）赔偿成本 αC_r。假设物流服务供应链质量不符合标准，客户要求物流服务集成商实施补偿，物流服务集成商承担补偿成本 αC_r，$0 \leqslant \alpha \leqslant 1$。

（6）声誉损失成本 C_p。假设物流服务供应链质量不符合标准，物流服务集成商事前并未告知质量问题，物流服务集成商需承担声誉损失成本 C_p。

（四）集成商与提供商合作收益

综上可知，物流服务集成商与功能型物流服务提供商质量收益存在四种类型：

类型一： 假设功能型物流服务提供商质量符合 $q \in [q_L, q_H]$，物流服务集成商质检 $|q_1-q_B| \geqslant |q-q_B|$，即质检结果 q_1 劣于实际质量 q。功能型物流服务提供商不接受物流服务集成商的质检结果 q_1，避免支付惩罚成本获取质量报酬，由质检机构确认质量结果。物流服务集成商与功能型物流服务提供商收益表达式 R_I^1、R_F^1：

$$R_I^1 = V(q) - I(q) - C_1(\varepsilon) - \lambda C_{\hat{q}} \tag{4-1}$$

$$R_F^1 = I(q) - (1-\lambda)C_{\hat{q}} - C_F(q) - b \tag{4-2}$$

类型二： 假设功能型物流服务提供商自知质量不符合标准，即 $q \notin [q_L, q_H]$，物流服务集成商质量检验 $|q_1-q_B| \geqslant |q-q_B|$，物流服务集成商不付费用，功能型物流服务提供商因理性人假设选择节省检验成本，无论 q_1 是否符合实际质量 q，也不再申请质检，接受 $q \notin [q_L, q_H]$，$\hat{q} = q_1$，$I(\hat{q}) = 0$，$C_F(q) = 0$。为避免声誉损失成本，物流服务集成商告知客户前，将确认质量问题。物流服务集成商与功能型物流服务提供商收益表达式 R_I^2、R_F^2：

$$R_I^2 = U - C_1(\varepsilon) - \alpha C_r \tag{4-3}$$

$$R_F^2 = S - (1-\alpha)C_r - b \tag{4-4}$$

类型三： 假设功能型物流服务提供商自知质量不符合标准，即 $q \notin [q_L, q_H]$，但物流服务集成商却确认质量符合标准，即 $|q_1-q_B| < |q-q_B|$，

其中 $q_I \in [q_L, q_H]$。因为 $q \notin [q_L, q_H]$，$C_F(q) = 0$，物流服务集成商按收益函数 $I(q_I)$ 支付报酬，物流服务集成商与功能型物流服务提供商在确认质量未达标准后分别承担质量赔偿 αC_r、$(1-\alpha)C_r$。物流服务集成商事前未确认质量缺陷，物流服务集成商将面临声誉损失成本 C_p。物流服务集成商与功能型物流服务提供商收益表达式 R_I^3、R_F^3：

$$R_I^3 = -I(q_I) - C_I(\varepsilon) - \alpha C_r - C_p \tag{4-5}$$

$$R_F^3 = I(q_I) - (1-\alpha)C_r - b \tag{4-6}$$

类型四： 假设功能型物流服务提供商质量符合标准，即 $q \in [q_L, q_H]$，而物流服务集成商质检优于实际质量，即 $|q_I - q_B| \leqslant |q - q_B|$，其中 q，$q_I \in [q_L, q_H]$，功能型物流服务提供商获得更高的质量收益。物流服务集成商与功能型物流服务提供商收益表达式 R_I^4、R_F^4：

$$R_I^4 = V(q) - I(q_I) - C_I(\varepsilon) \tag{4-7}$$

$$R_F^4 = I(q_I) - C_F(q) - b \tag{4-8}$$

（五）物流服务供应链质量激励契约设计

1. 对称信息下物流服务供应链质量激励契约设计

物流服务供应链质量合作委托方物流服务集成商授权代理功能型物流服务提供商提供一定标准的物流质量，功能型物流服务提供商明确在物流执行过程中的自身投入及质量标准。但是在质量"委托—代理"关系下，功能型物流服务提供商因信息优势存在逆向选择，因此物流服务集成商需借助质检手段评价功能型物流服务提供商实际质量。为保障物流质量，物流服务集成商通过质量契约设计激励功能型物流服务提供商，使其追求收益最大化的同时执行质量标准。面对逆向选择和道德风险，质量激励契约通常包括质量激励与惩罚条款，因此物流服务集成商与功能型物流服务提供商质量"委托—代理"模型如下：

$$\max R_I(q, \varepsilon) \tag{4-9}$$

s. t. $R_F(q^*) \geqslant R_F(q)$, $R_F(q) \geqslant \overline{R}_F$ （4-10）

式（4-9）中，$\max R_I$ 表示物流服务集成商委托代理目标函数，用于确保最优质量收益；约束 $R_F(q^*) \geqslant R_F(q)$ 表示功能型物流服务提供商激励相容约束，即功能型物流服务提供商以最优质量收益 $R_F(q^*)(\forall q)$ 确定努力程度，执行最优收益服务；约束 $R_F(q) \geqslant \overline{R}_F$ 表示功能型物流服务提供商参与约束，功能型物流服务提供商参与质量契约收益 $R_F(q)$ 不少于任何机会收益 $\overline{R}_F$，确保物流服务供应链合作稳固。

探讨对称信息条件下物流服务供应链质量委托代理均衡及最优质量契约设计，在对称信息情况下，物流服务集成商与功能型物流服务提供商清楚实际质量 q 和检验偏差 ε，物流服务集成商以功能型物流服务提供商实际物流质量为依据做出最优奖惩策略。假设功能型物流服务提供商质量为 q^* 时的物流服务集成商最优收益为 $R_I(q^*)$，物流服务集成商设计质量契约激励功能型物流服务提供商投入努力成本 $C_F(q^*)$，则功能型物流服务提供商最优质量收益为 $R_F(q^*)$。对称信息下物流质量信息透明，交易质量共同确认 $\hat{q}=q$，最大化收益下功能型物流服务提供商自觉执行质量标准，即 $q \in [q_L, q_H]$，$q_I \in [q_L, q_H]$，$q=q_I=\hat{q}$，$C_I(\varepsilon)=0$，符合前述类型四。物流服务供应链质量委托代理表达式：

$$\max R_I(q, \varepsilon) = V(q) - I(q_I) \tag{4-11}$$

$$\text{s. t. } R_F(q) = I(q_I) - C_F(q) - b \geqslant \overline{R}_F \tag{4-12}$$

信息对称下，物流服务集成商质量支付成本最低为 $\overline{R}_F$，简化约束 $\overline{R}_F = I(q_I) - C_F(q) - b$，代入功能型物流服务提供商目标函数：

$$\max R_I(q, \varepsilon) = V(q) - \overline{R}_F - C_F(q) - b \tag{4-13}$$

性质 1：若式（4-13）得到最优均衡解 q^* 时，则物流服务集成商取得最优质量收益 $R_I(q^*)$，其会通过严厉的惩罚契约激励功能型物流服务

提供商实施质量 q^*，对称信息下物流服务供应链质量均衡解满足 $V'(q^*)=C'_F(q^*)$。

证明：对 $R_I(q, \varepsilon)$ 求一阶导数 $\partial R_I/\partial q = V'(q) - C'_F(q)$，当 $\partial R_I/\partial q = 0$ 时，$V'(q^*) = C'_F(q^*)$ 得最优值。因为 $\partial^2 V(q)/\partial q^2 < 0$，$\partial^2 C_F(q)/\partial q^2 > 0$，可知 $\partial^2 R_I/\partial q^2 = V''(q) - C''_F(q) < 0$，则物流服务集成商收益 $R_I(q, \varepsilon)$ 在 q^* 取最优值。

性质 2：在对称信息下，物流服务供应链质量收益 $R = R_I^4 + R_F^4 = V(q) - C_F(q) - b$，在 $V'(q^*) = C'_F(q^*)$ 时，实现整体最优收益。

证明：对 $R(q)$ 求一阶导数 $\partial R/\partial q = V'(q) - C'_F(q)$，当 $\partial R/\partial q = 0$ 时，$V'(q^*) = C'_F(q^*)$ 取得最优值。物流服务供应链量最优收益和物流服务集成商质量最优收益均在均衡解 q^* 处实现。

在信息对称条件下，物流服务集成商质量边际利润与功能型物流服务提供商质量边际成本相等时取委托代理最优值，物流服务集成商质量契约激励报酬函数：

$$I(q) = \begin{cases} a + C_F(q^*) + \overline{R}_F, & |q_I - q_B| \leqslant |q^* - q_B| \\ \hat{R}_F, & |q_I - q_B| > |q^* - q_B| \end{cases} \qquad (4-14)$$

式（4-14）中的 $a + C_F(q^*) + \overline{R}_F > \hat{R}_F$，$\hat{R}_F$ 表示功能型物流服务提供商最低收益，当功能型物流服务提供商物流质量满足 $|q_I - q_B| \leqslant |q^* - q_B|$ 时，物流服务集成商支付报酬 $I(q) = a + C_F(q^*) + \overline{R}_F$，否则物流服务集成商支付报酬 $\hat{R}_F$。在 $a + C_F(q^*) + \overline{R}_F > \hat{R}_F$ 条件下，功能型物流服务提供商为保障收益最优，实施质量不低于 q^* 的努力，功能型物流服务提供商质量努力变动成本 $\partial C_F[P_F(q)]/\partial P_F(q) > 0$，同时为节省成本，功能型物流服务提供商实施质量不高于 q^* 的努力。因此，信息对称下物流服务集成商与功能型物流服务提供商质量合作不存在道德风险与逆向选择，功能型物流服务提供商

质量为 q^* 且获得最优报酬 $I(q^*)=a+C_F(q^*)+\overline{R}_F$。

2. 不对称信息下物流服务供应链质量激励契约设计

现实实践无法实现信息完全透明，功能型物流服务提供商具有质量信息优势，物流服务集成商运用质检手段确认质量信息。质检 q_I 与实际质量 q 存在偏差 ε，物流服务集成商设计质量契约激励功能型物流服务提供商履行标准。

不对称信息条件下参与质量合作物流服务集成商和功能型物流服务提供商期望收益表达式：

$$E\big[R_I(q,\varepsilon)\big]=P_1\times\big[P_3\times(P_7R_I^4+P_8R_I^1)+P_4R_I^1\big]+P_2\times(P_5R_I^3+P_6R_I^2)$$

$$(4-15)$$

$$E\big[R_F(q,\varepsilon)\big]=P_1\times\big[P_3\times(P_7R_F^4+P_8R_F^1)+P_4R_F^1\big]+P_2\times(P_5R_F^3+P_6R_F^2)$$

$$(4-16)$$

式（4-15）和式（4-16）中，P_i 表示不对称信息下各情形发生的概率，质量合作斯塔克尔伯格博弈决策顺序：功能型物流服务提供商以期望收益 $E\big[R_F(q^{**},\varepsilon)\big]$ 为目标，确定最优质量努力 $P_F(q^{**})$；依据功能型物流服务提供商质量标准 q^{**}，物流服务集成商以最优期望收益 $E\big[R_I(q^{**},\varepsilon^{**})\big]$ 确定投入资源 $C_I(\varepsilon)$，最优均衡解 $(q^{**},\varepsilon^{**})$ 满足 $\partial E\big[R_F(q^{**},\varepsilon)\big]/\partial q=0$，$\partial E\big[R_I(q^{**},\varepsilon^{**})\big]/\partial\varepsilon=0$。质检 q_I 的收益为 $I(q_I)$，代入物流服务集成商收益函数 R_I^1、R_I^2、R_I^3、R_I^4 和功能型物流服务提供商收益函数 R_F^1、R_F^2、R_F^3、R_F^4 得：

$$E\big[R_I(q,\varepsilon)\big]=P_1(P_3P_8+P_4)R_I^1+P_2P_6R_I^2+P_2P_5R_I^3+P_1P_3P_7R_I^4$$

$$=P_1(P_3P_8+P_4)\big[V(q)-I(q)-C_I(\varepsilon)-\lambda C_q^{\cdot}\big]+$$

$$P_2P_6\big[U-C_I(\varepsilon)-\alpha C_r\big]+P_2P_5\big[-I(q_I)-C_I(\varepsilon)-\alpha C_r-C_p\big]+$$

$$P_1P_3P_7\big[V(q)-I(q_I)-C_I(\varepsilon)\big] \qquad (4-17)$$

$$E[R_F(q,\varepsilon)] = P_1(P_3P_8+P_4)R_F^1+P_2P_6R_F^2+P_2P_5R_F^3+P_1P_3P_7R_F^4$$

$$= P_1(P_3P_8+P_4)[I(q)-(1-\lambda)C_q^-C_F(q)-b]+$$

$$P_2P_6[S-(1-\alpha)C_r-b]+P_2P_5[I(q_I)-(1-\alpha)C_r-b]+$$

$$P_1P_3P_7[I(q_I)-C_F(q)-b] \tag{4-18}$$

信息不对称下，功能型物流服务提供商为实现斯塔克尔伯格博弈最优收益，保障质量 q^{**}，令 $\partial E[R_F(q,\varepsilon)]/\partial q=0$，则：

$$P_1(P_3P_8+P_4)I'(q)+(P_2P_5+P_1P_3P_7)I'(q_I)-P_1C_F'(q)+$$

$$P_2P_6[(1-\delta)I'(q)-C_F'(q)]=0 \tag{4-19}$$

其中，最优质量 q^{**} 是关于 $(I, P_x, \varepsilon, \delta)$ 的函数，代入式 (4-17)，令 $\partial E[R_I(q^{**},\varepsilon)]/\partial \varepsilon=0$ 得物流服务集成商最优质检策略 ε^{**}，ε^{**} 是关于 (I, P_x, C_I', δ) 的函数。物流服务供应链质量合作概率根据物流服务集成商与功能型物流服务提供商质量分布函数 $\Psi(q)$、$\Phi(q)$ 和概率密度函数 $\psi(q)$、$\varphi(q)$ 求解。物流服务供应链质量契约 (q_L, q_H, q_B) 和质量激励参数 (δ, I, α)，质量激励契约表达式为：

$$\max E[R_I(q,\varepsilon,\delta,I,\alpha)] \tag{4-20}$$

$$\text{s.t.} \begin{cases} E[R_F(q,\varepsilon,\delta,I,\alpha)] \geq \overline{R}_F \\ \partial E[R_F(q,\varepsilon,\delta,I,\alpha)]/\partial q=0 \end{cases} \tag{4-21}$$

加入参数 x、y，构建物流服务供应链质量激励契约拉格朗日函数：

$$\Gamma = ER_I(q,\varepsilon,\delta,I,\alpha)+x[ER_F(q,\varepsilon,\delta,I,\alpha)-\overline{R}_F]+$$

$$y\{\partial E[R_F(q,\varepsilon,\delta,I,\alpha)]/\partial q\}$$

求解参数 (δ, I, α) 一阶导数：

$$\partial\Gamma/\partial\alpha = -P_2C_r+xP_2C_r \tag{4-22}$$

$$\partial\Gamma/\partial\delta = P_2P_6I(q)-xP_2P_6I(q)-yP_2P_6I'(q) \tag{4-23}$$

$$\partial\Gamma/\partial I = \partial ER_I/\partial I+x\partial ER_F/\partial I+y\partial^2ER_F/\partial q\partial I \tag{4-24}$$

由于 $C_r>0$ 和 $0<P_2\leq 1$，按式（4-22）可知 $x=1$，代入式（4-23），由 $I(q)>0$ 得 $y=0$，拉格朗日函数简化为：

$$\Gamma=ER_1(q,\varepsilon,\delta,I,\alpha)+ER_F(q,\varepsilon,\delta,I,\alpha)-\overline{R}_F \qquad (4-25)$$

取一阶导数 $\partial\Gamma/\partial q=0$，求解最优质量：

$$\partial\Gamma/\partial q=(P_1+P_2P_6)\left[V'(q)-C'_F(q)\right]=0 \qquad (4-26)$$

由 $V'(q)-C'_F(q)=0$ 得到功能型物流服务提供商最优物流质量 q^{**}，其中 q^{**} 是关于 $(P_x,\ \varepsilon,\ \delta)$ 的函数，代入拉格朗日函数求解：

$$(P_1+P_2P_6)\left[\frac{\partial I(q)}{\partial q}\times\frac{\partial q}{\partial\varepsilon}-\frac{\partial C_F(q)}{\partial q}\times\frac{\partial q}{\partial\varepsilon}\right]-C'_1\left[P_1(\mid\varepsilon\mid)\right]=0 \qquad (4-27)$$

由物流服务集成商最优决策 ε^{**} 值确定质检投入资源，对比对称信息下质量收益函数易见 $q^*=q^{**}$，因此在信息不对称下，物流服务集成商通过设计质量激励契约能够抵消道德风险和逆向选择问题，使功能型物流服务提供商履行质量承诺标准。由式（4-27）求 $C'_F(q)$ 并联立 $V'(q)-C'_F(q)=0$ 得到最优报酬函数 $I^{**}(q)$ 和价格折扣 δ^{**}：

$$P_2P_6I^{**'}(q)\delta^{**}=P_2P_6I^{**'}(q)+P_1(P_3P_8+P_4)I^{**'}(q)-$$
$$(P_1+P_2P_6)V'(q)-(P_2P_5+P_1P_3P_7)I^{**'}(q_I) \qquad (4-28)$$

同理，将 $(P_1+P_2P_6)\left[\partial I(q)/\partial q\times\partial q/\partial\varepsilon-\partial C_F(q)/\partial q\times\partial q/\partial\varepsilon\right]-C'_1(P_1$ $(\mid\varepsilon\mid))=0$ 代入 $\partial E[R_1(q^{**},\varepsilon)]/\partial\varepsilon=0$ 得：

$$(P_1+P_2P_6)\left[\frac{\partial C_F(q)}{\partial q^{**}}\times\frac{\partial q^{**}}{\partial\delta}\right]-(P_2P_5+P_1P_3P_7)\left[\frac{\partial I^{**}(q_I)}{\partial q_I}\right]$$

$$\left[\frac{\partial q_I}{\partial q^{**}}\times\frac{\partial q^{**}}{\partial\delta}+1\right]-P_2P_6(1-\delta^{**})\frac{\partial I^{**}(q)}{\partial q}\times\frac{\partial q^{**}}{\partial\delta}-P_1P_3P_8-P_1P_4=0$$

$$(4-29)$$

联立式（4-28）和式（4-29）求物流服务集成商报酬函数 $I^{**}(q)$

和价格折扣 δ^{**} 。综上所述，信息不对称下物流服务供应链质量收益：

$$E\left[R\left(q^{**},\varepsilon^{**}\right)\right]=E\left[R_1\left(q^{**},\varepsilon^{**}\right)\right]+E\left[R_F\left(q^{**},\varepsilon^{**}\right)\right]$$

$$=P_1\left(P_3P_8+P_4\right)\left(R_1^1+R_1^1\right)+P_2P_6\left(R_1^2+R_F^2\right)+$$

$$P_2P_5\left(R_1^3+R_F^3\right)+P_1P_3P_7\left(R_1^4+R_F^4\right)$$

$$=\left(P_1+P_2P_6\right)V\left(q^{**}\right)-\left(P_1+P_2P_6\right)C_F\left(q^{**}\right)-$$

$$\left[P_1\left(P_3P_8+P_4\right)+P_2P_6\right]C_q+P_2P_5C_r+$$

$$P_2P_5C_p+\left(1+P_2P_6\right)b-C_1\left(\varepsilon^{**}\right)\qquad(4-30)$$

$$R=R_1^4+R_F^4=V\left(q^*\right)-C_F\left(q^*\right)-b\qquad(4-31)$$

对比对称信息质量收益 R 和非对称信息质量收益 $E\left[R\left(q^{**},\varepsilon^{**}\right)\right]$ 可知 $E\left[R\left(q^{**},\varepsilon^{**}\right)\right]<R$ ，即对称信息下物流服务供应链收益优于非对称信息下的期望收益，可知为降低道德风险对质量收益的损失，物流服务集成商将倾向于筛选出物流服务质量高的上游提供商。

四、数值仿真

目前全球快递业快速增长，快递平台通过共享接口实现物流供应链一体化，高效完成快件寄递、信息跟踪，提供快件增值服务。假设某快递平台承接下游客户订单，同时向上游快递提供商采购物流能力。物流质量水平对快递服务供应链的稳定持续具有重要作用，平台是物流服务供应链的核心企业，并对提供商物流质量效果实施监管。通过调研快递物流质量主要指标发现，物流频率能够综合反映一定时间段内时限、网点密度及客户接收度等要素，因此将物流频率作为衡量物流服务供应链的质量关键指标。考虑物流服务集成商与功能型物流服务提供商数据隶属商业机密，仿真参数值通过参考社区快递末端运营和客户调研设置。具体如下：物流频率以月为考察阶段，即 $q\in[25,35]$ ，单位次/月，最优质量 $q_B=35$ ，每月质量由 $d=35-q$

表示。功能型物流服务提供商频率 $q \in [25, 35]$ 近似服从分布 $\varphi(q) = 1/\ln 5(q-20)$，机会收益 $\overline{R}_F = 100$，固定成本 $b = 500$，变动成本 $C_F(q) = 100q$。物流服务集成商误差分布 $\psi(\varepsilon) = \varepsilon^2/24$，$\varepsilon \in [-2, 2]$。物流服务集成商质量增值收益 $V(q) = 3100\ln q$，检验成本 $C_I(\varepsilon) = 20 - 3\varepsilon^2$，支付函数 $I(\hat{q}) = 200 + \hat{\omega}q^2$，$\omega$ 表示质量奖励参数。质检机构检测成本 $C_{\hat{q}} = 200$，分摊比例 $\lambda = 0.5$，平均赔偿成本 $C_r = 100$，比例 $\alpha = 0.5$，声誉损失 $C_p = 600$。

（一）不对称信息下质量激励契约参数设计

按照不对称信息发生概率取值方式，各概率值 $P_1 = 0.6826$、$P_2 = 0.3174$、$P_3 = 0.8554$、$P_4 = 0.1446$、$P_5 = 0.4554$、$P_6 = 0.5446$、$P_7 = 0.5188$、$P_8 = 0.4812$。

不对称信息条件下物流服务集成商与功能型物流服务提供商期望收益：

$$E[R_I(q, \varepsilon)] = 0.3796[V(q) - I(q) - C_I(\varepsilon) - \lambda C_{\hat{q}}] +$$
$$0.1728[V(q) - (1-\delta)I(q) - C_I(\varepsilon) - \alpha C_r] +$$
$$0.1445[-I(q_I) - C_I(\varepsilon) - \alpha C_r - C_p] +$$
$$0.3029[V(q) - I(q_I) - C_I(\varepsilon)]$$
$$= 0.8526V(q) - 0.5497I(q) - 0.4474I(q_I) -$$
$$0.9971C_I(\varepsilon) + 0.1728\delta I(q) - 140.255 \qquad (4-32)$$

$$E[R_F(q, \varepsilon)] = 0.3796[I(q) - (1-\lambda)C_{\hat{q}} - C_F(q) - b] +$$
$$0.1728[I(q) - \delta I(q) - C_{\hat{q}} - b - C_F(q) - (1-\alpha)C_r - b] +$$
$$0.1445[I(q_I) - (1-\alpha)C_r - b] + 0.3029[I(q_I) - C_F(q) - b] +$$
$$= 0.5524I(q) - 0.5524C_F(q) + 0.1445I(q_I) -$$
$$0.1728\delta I(q) - 523.235 \qquad (4-33)$$

依据不对称信息下 $V'(q)-C'_F(q)=0$ 得功能型物流服务提供商最优质量 $q^{**}=31$，期望收益一阶导数和拉格朗日方程为：

$$\partial E[R_I(q,\varepsilon)]/\partial q=2643.06/q-0.4474\omega(2q+2\varepsilon)-$$
$$1.0994\omega q+0.3456\delta\omega q \qquad (4-34)$$

$$\partial E[R_F(q,\varepsilon)]/\partial q=0.2890\omega(q+\varepsilon) \qquad (4-35)$$

$$\Gamma=ER_I(q,\varepsilon,\delta,I,\alpha)+ER_F(q,\varepsilon,\delta,I,\alpha)-\overline{R}_F$$
$$=2643.06\ln q-55.24q-0.3029\omega(q+\varepsilon)^2+0.0027\omega q^2+$$
$$2.9913\varepsilon^2-643.4720 \qquad (4-36)$$

联立式（4-34）至式（4-36）得 $\varepsilon^{**}=2$，质量收益奖励 $\omega^{**}=20.5714$，参与折扣 $\delta^{**}=2.5239$。$\omega^{**}=20.5714$ 时的支付函数 $I(\hat{q})=200+20.5714\hat{q}^2$，$I'(\hat{q})=41.1428\hat{q}>0$，支付函数在 $q\in[25,35]$ 属增函数，物流服务集成商设计质量收益策略激励功能型物流服务提供商实施物流服务取得高水平期望收益。由 $\delta^{**}>1$ 知功能型物流服务提供商惩罚成本 $I(q)-\delta I(q)<0$，功能型物流服务提供商无法获得质量报酬，参与合作将支付物流服务集成商违约金额 $(\delta-1)I(q)$，物流服务集成商采用高代价惩罚策略激励功能型物流服务提供商提供符合质量标准的物流，保障物流服务供应链获得最优收益 $ER(q^{**},\varepsilon^{**})=ER_I(q^{**},\varepsilon^{**})+ER_F(q^{**},\varepsilon^{**})=100.0021$。

（二）质量激励契约对比分析

在对称信息下 $q^*=31$ 时，物流服务集成商获得最优质量收益 $R_I(q^*)$，物流服务集成商设计支付函数 $a+C_F(q^*)+\overline{R}_F>\hat{R}_F$ 迫使功能型物流服务提供商实施物流质量满足 $|q_I-q_B|\leqslant|q^*-q_B|$，收益差值 $a+C_F(q^*)+\overline{R}_F-\hat{R}_F$ 成为集成商的物流质量惩罚契约，由于功能型物流服务提供商的 $\partial C_F(q)/\partial q>0$，功能型物流服务提供商不会提供高于质量标准 $q^*=31$，避免道德风险而实施快递质量标准 $q^*=31$，最终最优报酬 $I(q^*)=a+C_F(q^*)+\overline{R}_F$。在 $q^*=$

31、$\varepsilon = 0$ 的情况下，物流服务集成商与功能型物流服务提供商最优收益为 $R_I^4 = V(q^*) - I(q^*)$、$R_F^4 = I(q^*) - C_F(q^*)$，对称信息条件下物流服务供应链质量收益函数为 $R = R_I^4 + R_F^4 = V(q^*) - C_F(q^*) - b = 7045.3603$。这说明物流服务集成商质量参数能够有效地消除物流服务供应链不对称信息对物流服务集成商的负面影响和功能型物流服务提供商道德风险，保证参与主体实现共赢。对比不对称信息物流服务供应链质量收益知 $R > ER(q^{**}, \varepsilon^{**})$，可见不对称信息下虽然物流服务集成商能够利用质量参数激励功能型物流服务提供商履行最优质量标准 $q^* = q^{**}$，实现物流服务集成商与物流服务供应链最优质量收益，但信息不透明增加了物流服务供应链的质量合作风险，物流集成平台无法准确掌握物流质量的真实水平，导致物流集成平台必然采取控制手段规避上游物流提供商的道德风险，相对于信息对称环境，信息不对称环境将引发质量检验成本、质量赔偿及声誉损失成本等额外成本，成本消耗使最终所得质量收益低于信息对称下的质量收益，这同时验证了前文结论。

五、结论与启示

(一) 研究结论

鉴于物流服务供应链中的物流服务不同于传统实体产品，质量管理与产品供应链质量管理措施截然不同，产品供应链质量控制理论无法直接应用于物流服务供应链，因此为实现物流服务供应链物流质量有效控制，设计不对称信息环境下质量激励契约策略。首先，回顾物流服务供应链协调、供应链质量管理及供应链激励契约等文献成果，引入埃奇沃斯盒模型揭示物流服务集成商与功能型物流服务提供商的质量合作机理，利用质量契约曲线探寻参与主体互惠交易机理，明确"质量—利益"方案集合与最佳配置。其次，描绘物流服务供应链质量契约曲线，提出物流服务集成商与功能型物流服务提供商的质量合作流程、关系结构及收益构成等关键要素，设计对称信息与不对称信息下质量合作委托代理模型，将物流服务供应链质量激励契约拓展至道德风险与逆向选择并存情形。再次，通过斯塔克尔伯格博弈模型求解道德风险与逆向选择并存时的物流质量合作情景，检验对称信息与不对称信息下的结论差异，分析差异原因。最后，以物流服务供应链为例验证质量激励的合理性，提出物流质量保障措施。结果表明，不对称信息下物流服务集成商通过调整质量契约参数能够激励功能型物流服务提供商实施最优质量标准，合作时物流服务集成商为规避信息不对称道德风险，付出额外成本使自身质量收益低于信息对称下的质量收益。

（二）管理启示

研究对物流服务供应链质量管理可得如下启示：①企业实际经营目标为降成本提收益，需要优先选择优质的上游功能型物流服务提供商作为合作伙伴，逐步建立完善的质量检测体系，准确掌握物流服务供应链质量动态有利于实现高质量物流服务；②小批量多批次物流趋势下，以质量距离和检测偏差作为物流服务集成商和功能型物流服务提供商质量衡量指标体系，物流服务供应链质量控制激励契约是有效的质量保障措施。本书有助于物流服务集成商规避不对称信息对物流质量的负面影响，确保功能型物流服务提供商实现收益和物流质量最优的双重目标，最终实现物流服务供应链质量收益最优化，这对物流服务供应链质量管理具有重要意义。虽然本书丰富了物流质量方法措施，但因物流服务供应链的复杂性所建模型仍有一定的局限性，如模型未纳入功能型物流服务提供商单一功能与互补功能，或同一功能不同主体情况，多功能情形下物流服务供应链质量契约有待深入研究。

第二节　O2O 模式下考虑成本共担的物流服务供应链质量协调

一、研究背景

　　随着现代物流服务外包整体性、复杂性提高，各类物流组织从需求出发，共同配合形成具有多级供需关系的完整物流服务体系并构成物流服务供应链。在物流服务供应链中，最主要的两种参与企业是综合物流服务的设计者和提供者物流服务集成商与为物流服务集成商提供专业作业的功能型物流服务提供商。随着互联网信息技术快速发展，物流服务线上信息获取更加便捷，提供商功能趋于多样化，线上平台交易渠道已成为物流需求呈现的普遍方式。由于物流产品线下所具备的无形性、过程性、异质性、即时性及不可存储性等特殊性质，仅线上无法完成物流服务交易，O2O 模式下需要平台型集成商与提供商合作实现线上交易与线下服务。数字经济时代下，线上物流平台逐步形成了超高消费惯性，成熟的专业技能与推广经验促使市场品牌占有率迅速扩大。以运满满、货拉拉等为代表的集成平台已成为 O2O 模式下物流服务供应链的重要构成部分。物流质量是保障供应链运作效率和各主体收益的根本前提，而线上依靠免费、低价与返现等手段在线交易有损品牌形象的低劣物流产品和线下违约、欺瞒与强迫客户附加消费等不合理行为，严重影响了物流业的高质量发展，亟须开展 O2O 模式下的物流服务供应链决策研究。

　　O2O 模式下物流服务供应链线上线下服务质量贯穿全过程，包括集成商线上响应效率、便捷性、集成性及信息价值能力塑造的品牌要素，以及提供商线下专业性、及时性及客户满意度等质量要素。现有文献分别对物流服务供应链线上线下相关决策展开研究，有关线下物流质量常见的研究问题有质量博弈决策、动态定价策略及不同影响因素下的优化决策，如Liu 等（2017）探讨不同风险态度下物流服务供应链质量控制博弈策略。杜妮和周盛超（2019）构建纳什讨价还价提供商公平关切模型探讨质量对最优策略、利润和效用的影响。秦星红等（2019）研究顾客服务期望及相应质量成本对竞争性网购物流服务供应链管理策略的影响。张翠华等（2020）研究需求更新情况下的提供商物流服务质量控制问题。郭英等（2021）基于物流服务质量成本，分别构建纵向分散和纵向整合模式下的质量博弈模型。线上平台作为物流服务供应链的主导企业，拥有提供商所需的市场份额和丰富资源。Fazayeli 等（2018）结合实际中第三方物流服务商拥有多种运输方式，研究了考虑随机需求下多种运输方式的第四方物流路径问题。徐小峰和刘婧（2018）从物流服务集成商的角度，研究了带时间窗和资源约束的任务资源集成调配问题。庞燕（2019）指出通过集成商组织和引导形成了以专业化分工与优势互补、协同整合与服务创新等为特征的跨境电商服务供应链。吕靖等（2020）考虑集成商通过资源整合对港口供应链的绿色化及运作效率的优化作用，分别建立集中和分散决策下的竞合与协调模型。锁立赛等（2021）在对服务集成商模式下农村末端物流资源运作特征进行简要分析的基础上，建立了服务集成商模式下的农村末端物流资源整合优化模型。以上有关集成商研究主要集中在物流规划、物流运输和仓储业务流程重组、供应链管理优化、物流企业和业务全过程信息化等能够有利于塑造企业品牌的因素上，但当前研究较少考虑平台集成商品牌和提供商服务质量对物流服务供应链的联合影响，而在实际 O2O 模式下，任务运作过程中需要物流服务供应链业务线下线上服务质量共同推进，物流服务供应链协调就是对各经营活动的相互依赖关系进行集成化管理决策。O2O 模式下物流服务供应链品牌和质量协调需从线上线下在合作战略、信息共享和协同决策等方面开展分工合作，集成商与提供商相互影响，线上品牌与线下体验有助于提升物流服务感知价值，顾客完成线上产品交易后，线下物流体验满意度同样会影响线上品牌形象，顾客线下物流体验满意度高会提升集成商品牌价值和市场占有率，优化 O2O 模式下的物流服务供应链效率。因此，本书在上述研究的基础上探讨考虑平台品牌和物流质量因素的物流服务供应链协调策略非常必要。

为确保 O2O 模式下物流服务供应链效率持续改善，平台集成商需采取激励措施促使线下提供商实施高标准的体验服务。成本共担契约能够激励合作参与主体提高积极性，有助于双方收益均衡优化，其在合作研究中已被广泛应用。Cachon 和 Lartviere（2005）研究了零售商努力水平影响市场需求下的收益共享契约。鲁其辉（2011）建立了基于成本共担策略的服务供应链纳什均衡解。谢家平等（2018）发现"收益共享—成本共担"模型更有利于逆向回收和服务商逆向渠道服务水平的提高。江玉庆等（2021）指出不同 BOPS 销量整合模型中成本共担契约能够实现供应链系统收益的帕累托改进。学者针对产品供应链结构通常采用微分对策博弈理论解决质量与品牌问题，胡劲松等（2020）等利用微分博弈理论研究了制造商或零售商拥有线上开辟权两种渠道结构下的制造商质量策略和零售商产品服务策略。张雪梅等（2021）构建微分博弈模型分别探讨了新产品和再制品的定价决策及再制造供应链绩效水平。刘丽等（2021）引入微分博弈方法在动态框架下研究绿色供应链上下游企业的经营模式选择与营销策略问题。与产品供应链类似，O2O 模式下物流服务供应链集成商与提供商在连续时间内长期存在合作、竞争甚至对抗冲突等特点，微分对策博弈理论为研究 O2O 模式下的物流服务供应链成本共担决策提供了可能。

基于此，在 O2O 模式下，物流服务供应链集成商平台品牌与线上线下物流服务质量均能影响市场需求，O2O 模式下多周期合作服务对品牌形象具有强化效应，线上平台利用成本共担契约激励提供商实施高质量物流服务。本书构建合作两主体微分博弈模型，探讨 O2O 模式下考虑品牌与质量的物流服务供应链最优决策问题，为推动互联网环境下物流企业健康发展提供理论支撑。

二、问题描述与模型假设

(一) 问题描述

本书研究对象为由功能型物流服务提供商、平台型物流服务集成商与下游需求企业构成的物流 O2O 服务供应链，见图 4-2。功能型物流服务提供商委托物流集成商销售价格为 p 的物流产品，集成商向需求企业提供线上服务 $S_I(t)$，如功能响应、外观形象、安全保障、服务反馈等；提供商向需求企业提供线下物流功能 $S_L(t)$，如运输、仓储、配送、流通加工等专业服务。需求企业由线上完成支付交易，平台型集成商得到佣金 αp，集成商向提供商支付收益为 $(1-\alpha)p$。此外，由于物流 O2O 服务供应链线上线下质量及平台型集成商品牌价值均能影响物流市场需求，同时提供商、物流集成商的物流质量均会影响平台品牌形象，因此平台型物流集成商采用"成本共担因子" $\delta(t)$ 激励提供商供给高质量的物流服务。

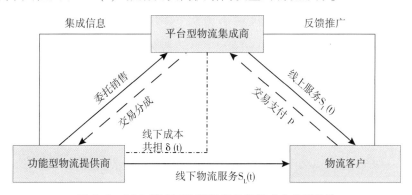

图 4-2 O2O 模式下物流服务供应链成本共担结构

(二) 模型假设

(1) O2O 模式下提供商与集成商提供的物流成本 $C_I(t)$、$C_L(t)$ 与线上线下物流质量 $S_I(t)$、$S_L(t)$ 正向相关，随物流质量增加其增值趋势越高。类似其他服务产品，物流成本同样具有凹性特征，按照秦星红和鲁其辉 (2019) 研究将设其为二次函数，分别为 $C_I(t) = \lambda_I S_I^2(t)/2$ 和 $C_L(t) = \lambda_L S_L^2(t)/2$，其中 λ_I、λ_L 分别表示集成商与提供商的物流成本系数。

(2) O2O 模式下提供商与集成商的物流质量共同影响集成商的品牌形象 $D_I(t)$，并且 $D_I(0) \geqslant 0$，时间约束下物流服务集成商品牌形象的随机微分方程如下：

$$D_I(t) = \beta_I S_I(t) + \beta_L S_L(t) - \partial D_I(t)$$

其中，β_I 和 β_L 分别表示集成商与提供商服务质量对 O2O 模式下集成商品牌形象的影响效应，并且 $\beta_I > 0$、$\beta_L > 0$；当物流服务供应链不提供服务时，因竞争导致集成商品牌价值衰减系数为 ∂，并且 $\partial > 0$。

(3) O2O 模式下采用物流"成本共担因子" $\delta(t)$ 激励提供商实施高质量的物流服务，并且集成商仅共担提供商的部分物流成本，即 $\delta(t) < 1$。

(4) 假设 O2O 模式下集成商和提供商是完全信息条件下的理性决策者，参与目的均为实现各自利益最大化，并且正贴现率 ω 相同。

(5) O2O 模式下物流客户采购服务考虑提供商和集成商品牌形象和质量双因素，需求函数为 $Q(t) = a + \theta_I S_I(t) + \theta_L S_L(t) + \varepsilon D(t)$，a 表示提供商和集成商无服务时的物流产品市场需求，其中 $a \geqslant 0$；θ_I、θ_L、ε 分别为集成商线上物流质量、提供商线下物流质量和集成商品牌形象对市场需求的影响程度，其中 $\theta_I > 0$、$\theta_L > 0$、$\varepsilon > 0$；O2O 模式下忽略价格等对市场需求的影响。[1]

---

① liu W H, Yie D. Quality Decision of the Logistics Service Supply Chain with Service Quality Guarantee [J]. International Jouranl of Production Research, 2013, 51 (5): 1618-1634.

（6）假设 O2O 模式下集成商单位服务取得收益 αp，提供商取得收益为 $(1-\alpha)p$；提供商线下物流产品成本 c_L，集成商线上服务成本 c_I；提供商边际收益为 $\pi_L = (1-\alpha)p - c_L$，集成商边际收益为 $\pi_I = \alpha p - c_I$。[①]

按照以上假设条件，分别得到线下提供商、线上集成商及 O2O 模式下物流服务供应链收益函数：

线上集成商收益目标函数为：

$$R_I = \int_0^{+\infty} e^{-\omega t} \{ \pi_I [a + \theta_I S_I(t) + \theta_L S_L(t) + \varepsilon D(t)] - C_I(t) - \delta(t) C_L(t) \} dt$$

线下提供商收益目标函数为：

$$R_L = \int_0^{+\infty} e^{-\omega t} \{ \pi_L [a + \theta_I S_I(t) + \theta_L S_L(t) + \varepsilon D(t)] - [(1 - \delta(t)] C_L(t) \} dt$$

O2O 模式下物流服务供应链收益目标函数为：

$$R = \int_0^{+\infty} e^{-\omega t} \{ (\pi_I + \pi_L) [a + \theta_I S_I(t) + \theta_L S_L(t) + \varepsilon D(t)] - C_I(t) - C_L(t) \} dt$$

三、O2O 模式下物流服务供应链博弈模型比较

本内容对 O2O 模式下物流服务供应链不同博弈模型展开比较分析：首先，分析 O2O 模式下集成商和提供商非合作博弈模型的纳什均衡；其次，探讨采用物流成本共担时博弈双方的斯塔克尔伯格模型；最后，求解以 O2O 模式物流服务供应链收益最优为目标的纳什合作均衡。

（一）非合作纳什博弈模型

集成商与提供商不开展合作，考虑参与约束的非合作纳什博弈均衡决策为双方契约协调设计提供参考，以上标 N 表示。两者以物流质量纳什非合作博弈寻求最大化收益函数，其中非合作博弈纳什均衡时的最优质量是

---

① 张广胜，刘伟. 考虑价格风险的物流服务供应链能力和组合采购决策 [J]. 计算机集成制造系统，2019（8）：2109-2118.

利益主体收益契约下限。

命题 1 当物流成本共担因子 $\delta(t) = 0$ 时，集成商与提供商隶属非合作博弈，两者静态反馈纳什均衡策略为：

$$S_I^{N*} = \pi_I [\theta_I(\omega+\partial) + \beta_I\varepsilon] / \lambda_I(\omega+\partial) \tag{4-37}$$

$$S_L^{N*} = \pi_L [\theta_L(\omega+\partial) + \beta_L\varepsilon] / \lambda_L(\omega+\partial) \tag{4-38}$$

将集成商与提供商边际收益代入式（4-37）、式（4-38），得：

$$S_I^{N*} = (\alpha p - c_I)[\theta_I(\omega+\partial) + \beta_I\varepsilon] / \lambda_I(\omega+\partial) \tag{4-39}$$

$$S_L^{N*} = [(1-\alpha)p - c_L][\theta_L(\omega+\partial) + \beta_L\varepsilon] / \lambda_L(\omega+\partial) \tag{4-40}$$

由式（4-37）至式（4-40）可知，在集成商和提供商纳什非合作博弈下，物流质量与成本系数、品牌价值衰减系数呈负相关关系，与服务边际收益、物流质量及品牌形象影响系数及物流质量对线上品牌形象影响系数呈正相关关系；同时对式（4-39）、式（4-40）求导可知 S_I^{N*} 与佣金系数 α 呈正相关关系，S_L^{N*} 与佣金系数 α 呈负相关关系，即佣金系数越高，物流服务供应链线上服务质量越高，而线下服务质量越低。

证明：假设具有连续有界微分函数 $U_I^N(D)$ 和 $U_L^N(D)$ 满足 $D \geq 0$ 下的偏微分方程哈密顿-雅可比-贝尔曼，即式（4-41）、式（4-42），求解非合作博弈马尔可夫纳什均衡：

$$U_I^N(D) \cdot \omega = \max_{S_I}\{\pi_I[a+\theta_I S_I(t)+\theta_L S_L(t)+\varepsilon D(t)] - \lambda_I S_I^2(t)/2 - \delta\lambda_L S_L^2(t)/2$$
$$+ U_I^{N'}(D)[\beta_I S_I(t) + \beta_L S_L(t) - \partial D_I(t)]\} \tag{4-41}$$

$$U_L^N(D) \cdot \omega = \max_{S_L}\{\pi_L[a+\theta_I S_I(t)+\theta_L S_L(t)+\varepsilon D(t)] - (1-\delta)\lambda_L S_L^2(t)/2$$
$$+ U_L^{N'}(D)[\beta_I S_I(t) + \beta_L S_L(t) - \partial D_I(t)]\} \tag{4-42}$$

由于双方均为理性经济人，非合作博弈机制下理性平台集成商"成本共担因子" $\delta(t) = 0$，以期达到自身利润最优。由此可知，式（4-41）、式（4-42）分别是 $S_I(t)$、$S_L(t)$ 的二次凹函数，对 $S_I(t)$、$S_L(t)$ 求解一阶偏导为零，方程得到最大化条件如下：

$$S_I(t) = [\pi_I\theta_I + \beta_I U_I^{N'}(D)]/\lambda_I \tag{4-43}$$

$$S_L(t) = [\pi_L\theta_L + \beta_L U_L^{N'}(D)]/\lambda_L \tag{4-44}$$

将式（4-43）、式（4-44）代入哈密顿-雅可比-贝尔曼方程，整理出式（4-45）、式（4-46）：

$$U_I^N(D) \cdot \omega = \pi_I a + [\pi_I\varepsilon - \partial U_I^{N'}(D)]D(t) + [\pi_I\theta_I + \beta_I U_I^{N'}(D)]^2/2\lambda_I$$
$$+ [\pi_L\theta_L + \beta_L U_L^{N'}(D)][\pi_I\theta_I + \beta_I U_I^{N'}(D)]/\lambda_L \tag{4-45}$$

$$U_L^N(D) \cdot \omega = \pi_L a + [\pi_L\varepsilon - \partial U_L^{N'}(D)]D(t) + [\pi_L\theta_L + \beta_L U_L^{N'}(D)]^2/2\lambda_L$$
$$+ [\pi_I\theta_I + \beta_I U_I^{N'}(D)][\pi_L\theta_L + \beta_L U_L^{N'}(D)]/\lambda_I \tag{4-46}$$

根据式（4-45）、式（4-46）假设有界微分函数 $U_I^N(D)$ 和 $U_L^N(D)$ 最优解是有关 D 的线性函数，设最优解表达式为 $U_I^N(D) = x_1^N D + y_1^N$ 和 $U_L^N(D) = x_2^N D + y_2^N$。将其代入式（4-45）、式（4-46）得：

$$(x_1^N D + y_1^N) \cdot \omega = \pi_I a + (\pi_I\varepsilon - \partial x_1^N)D(t) + (\pi_I\theta_I + \beta_I x_1^N)^2/2\lambda_I$$
$$+ (\pi_L\theta_L + \beta_L x_2^N)(\pi_I\theta_I + \beta_I x_1^N)/\lambda_L \tag{4-47}$$

$$(x_2^N D + y_2^N) \cdot \omega = \pi_L a + (\pi_L\varepsilon - \partial x_2^N)D(t) + (\pi_L\theta_L + \beta_L x_2^N)^2/2\lambda_L$$
$$+ (\pi_I\theta_I + \beta_I x_1^N)(\pi_L\theta_L + \beta_L x_2^N)/\lambda_I \tag{4-48}$$

简化式（4-47）、式（4-48），求解最优解中 x_1^N、y_1^N、x_2^N、y_2^N 的参数值：

$$x_1^{N*} = \pi_I\varepsilon/(\omega + \partial)$$

$$y_1^{N*} = \pi_I a/\omega + \{\pi_I^2\lambda_L[\theta_I(\partial + \omega) + \beta_I\varepsilon]^2 + 2\pi_I\pi_L\lambda_I[\theta_L(\partial + \omega) + \beta_L\varepsilon]^2\}/$$
$$2\omega\lambda_I\lambda_L(\partial + \omega)^2$$

$$x_2^{N*} = \pi_L\varepsilon/(\omega + \partial)$$

$$y_2^{N*} = \pi_L a/\omega + \{\pi_L^2\lambda_I[\theta_I(\partial + \omega) + \beta_I\varepsilon]^2 + 2\pi_I\pi_L\lambda_L[\theta_I(\partial + \omega) + \beta_I\varepsilon]^2\}/$$
$$2\omega\lambda_I\lambda_L(\partial + \omega)^2$$

将上述参数值代入最优解式 $U_I^N(D) = x_1^N D + y_1^N$ 和 $U_L^N(D) = x_2^N D + y_2^N$，得

集成商、提供商及 O2O 模式下物流服务供应链最优收益值分别为式（4-49）、式（4-50）、式（4-51）：

$$U_I^{N*}(D) = \pi_I \varepsilon D/(\omega+\partial) + \pi_I a/\omega + \{\pi_I^2 \lambda_L [\theta_I(\partial+\omega)+\beta_I\varepsilon]^2 +$$
$$2\pi_I\pi_L\lambda_I [\theta_L(\partial+\omega)+\beta_L\varepsilon]^2\}/2\omega\lambda_I\lambda_L(\partial+\omega)^2 \quad (4-49)$$

$$U_L^{N*}(D) = \pi_L \varepsilon D/(\omega+\partial) + \pi_L a/\omega + \{\pi_L^2 \lambda_I [\theta_L(\partial+\omega)+\beta_L\varepsilon]^2 +$$
$$2\pi_I\pi_L\lambda_L [\theta_I(\partial+\omega)+\beta_I\varepsilon]^2\}/2\omega\lambda_I\lambda_L(\partial+\omega)^2 \quad (4-50)$$

$$U^{N*}(D) = (\pi_I+\pi_L)\varepsilon D/(\omega+\partial) + (\pi_I+\pi_L)a/\omega + \{\lambda_L(\pi_I^2+2\pi_I\pi_L)$$
$$[\theta_I(\partial+\omega)+\beta_I\varepsilon]^2 + \lambda_I(\pi_L^2+2\pi_I\pi_L)[\theta_L(\partial+\omega)+\beta_L\varepsilon]^2\}/2\omega\lambda_I\lambda_L(\partial+\omega)^2$$
$$(4-51)$$

将式（4-49）、式（4-50）求 G 一阶导数并代入式（4-42）、式（4-43），即命题 1 得证。

（二）物流成本共担斯塔克尔伯格博弈

采用物流成本共担契约时，集成商和提供商物流质量决策流程符合斯塔克尔伯格博弈过程，其中集成商为决策领导者，提供商为行动跟随者，以上标 S 表示。决策过程：集成商决策自身物流质量与成本共担因子，提供商根据集成商的行为决策自身物流质量。本部分建立支付函数与博弈模型后利用逆向归纳法分析模型。

命题 2 当集成商和提供商开展斯塔克尔伯格博弈时，最优物流质量和成本共担因子为：

$$S_I^{S*} = \pi_I[\theta_I(\partial+\omega)+\beta_I\varepsilon]/\lambda_I(\omega+\partial) \quad (4-52)$$

$$S_L^{S*} = (2\pi_I+\pi_L)[\theta_L(\partial+\omega)+\beta_L\varepsilon]/2\lambda_L(\omega+\partial) \quad (4-53)$$

$$\delta^{S*} = (2\pi_I-\pi_L)/(2\pi_I+\pi_L) \quad (4-54)$$

由命题 2 可知，斯塔克尔伯格博弈机制下集成商最优物流成本共担因子与其边际收益呈正相关关系，原因在于，集成商边际收益上升时，其自身总收益必然提高，为实现高收益的持续性必然倾向付出更高的物流成本。此时，当集成商愿为提供商共担成本时，由式（4-53）可见提供商最优物流质量与自身边际收益和集成商边际收益均存在正相关关系，说明两者收益目标函数具有同向性，物流成本共担契约使提供商决策时考虑集成商的收益影响效应，进而可通过实施收益分配机制提高 O2O 模式下物流服务供应链总收益。

证明：假设具有连续有界微分函数 $U_I^s(D)$ 和 $U_L^s(D)$ 满足 $D \geq 0$ 下的偏微分哈密顿-雅可比-贝尔曼方程，运用逆向归纳法求解其斯塔克尔伯格博弈均衡。提供商哈密顿-雅可比-贝尔曼方程式（4-55）如下：

$$U_L^s(D) \cdot \omega = \max_{S_L}\{\pi_L[a+\theta_I S_I(t)+\theta_L S_L(t)+\varepsilon D(t)]-(1-\delta)\lambda_L S_L^2(t)/2$$
$$+U_L^{s'}(D)[\beta_I S_I(t)+\beta_L S_L(t)-\partial D_I(t)]\} \tag{4-55}$$

由于式（4-55）是关于 $S_L(t)$ 的凹函数，求 $S_L(t)$ 一阶偏导得最大化条件：

$$S_L(t)=[\pi_L\theta_L+\beta_L U_L^{s'}(D)]/\lambda_L(1-\delta) \tag{4-56}$$

集成商哈密顿-雅可比-贝尔曼方程式（4-57）如下：

$$U_I^s(D) \cdot \omega = \max_{S_I}\{\pi_I[a+\theta_I S_I(t)+\theta_L S_L(t)+\varepsilon D(t)]-\lambda_I S_I^2(t)/2-\delta\lambda_L S_L^2(t)/2$$
$$+U_I^{s'}(D)[\beta_I S_I(t)+\beta_L S_L(t)-\partial D_I(t)]\} \tag{4-57}$$

将式（4-56）最优条件代入式（4-57），求 $S_I(t)$、δ 一阶偏导，得到最大化条件：

$$S_I(t)=[\pi_I\theta_I+\beta_I U_I^{s'}(D)]/\lambda_I \tag{4-58}$$

$$\delta=\frac{\theta_I(2\pi_I-\pi_L)+\beta_L[2U_I^{s'}(D)-U_L^{s'}(D)]}{\theta_I(2\pi_I+\pi_L)+\beta_L[2U_I^{s'}(D)+U_L^{s'}(D)]} \tag{4-59}$$

将式（4-56）、式（4-58）、式（4-59）代入式（4-55）、式（4-57），化简可得：

$$U_L^s(D) \cdot \omega = \pi_L a+[\pi_L\varepsilon-\partial U_L^{s'}(D)]D_I(t)+\frac{[\pi_L\theta_I+\beta_I U_L^{s'}(D)][\pi_I\theta_I+\beta_I U_I^{s'}(D)]}{\lambda_I}+$$

$$\frac{[\pi_L\theta_L+\beta_L U_L^{S'}(D)]\{\theta_L(\pi_L+2\pi_I)+\beta_L[U_L^{S'}(D)+2U_I^{S'}(D)]\}}{4\lambda_L} \qquad (4-60)$$

$$U_I^S(D)\cdot\omega=\pi_I a+[\pi_I\varepsilon-\partial U_I^{S'}(D)]D_I(t)+\frac{[\pi_I\theta_I+\beta_I U_I^{S'}(D)]^2}{2\lambda_I}+$$

$$\frac{\{\theta_L(\pi_L+2\pi_I)+\beta_L[U_L^{S'}(D)+2U_I^{S'}(D)]\}^2}{8\lambda_L} \qquad (4-61)$$

与非合作纳什博弈模型类似，假设式（4-60）、式（4-61）最优解是有关 D 的线性函数，即 $U_I^S(D)=x_1^S D+y_1^S$ 和 $U_L^S(D)=x_2^S D+y_2^S$。代入式（4-60）、式（4-61）得 x_1^{S*}、y_1^{S*}、x_2^{S*}、y_2^{S*}，成本共担机制下集成商、提供商及物流服务供应链最优收益值为式（4-62）、式（4-63）、式（4-64）：

$$U_I^{S*}(D)=\frac{\pi_I a}{\omega}+\frac{\pi_I\varepsilon D}{\omega+\partial}+\frac{4\pi_I^2\lambda_L[\theta_I(\partial+\omega)+\beta_I\varepsilon]^2+\lambda_I(2\pi_I+\pi_L)^2[\theta_L(\partial+\omega)+\beta_L\varepsilon]^2}{8\omega\lambda_I\lambda_L(\partial+\omega)^2}$$

$$(4-62)$$

$$U_L^{S*}(D)=\frac{\pi_L a}{\omega}+\frac{\pi_L\varepsilon D}{\omega+\partial}+\frac{\pi_L\lambda_I(2\pi_I+\pi_L)[\theta_I(\partial+\omega)+\beta_L\varepsilon]^2+4\pi_I\pi_L\lambda_L[\theta_I(\partial+\omega)+\beta_I\varepsilon]^2}{4\omega\lambda_I\lambda_L(\partial+\omega)^2}$$

$$(4-63)$$

$$U^{S*}(D)=\frac{(\pi_I+\pi_L)a}{\omega}+\frac{(\pi_I+\pi_L)\varepsilon D}{\omega+\partial}+$$

$$\frac{4\pi_I\lambda_L[\theta_I(\partial+\omega)+\beta_I\varepsilon]^2+\lambda_I(2\pi_I+\pi_L)(2\pi_I+3\pi_L)[\theta_L(\partial+\omega)+\beta_L\varepsilon]^2}{8\omega\lambda_I\lambda_L(\partial+\omega)^2}$$

$$(4-64)$$

将式（4-62）、式（4-63）求 G 的一阶导数并代入式（4-57）、式（4-59）、式（4-60），即命题 2 得证。

（三）O2O 模式下物流服务供应链集中决策

O2O 模式下集成商通过构建平台与提供商实现联合决策，求解物流服务供应链收益最优为目标的纳什合作均衡，以上标 C 表示。假设提供商与集成商间达成合作协议，中心决策者在最大化物流服务供应链整体利益的基础上实现双方物流质量 $S_I(t)$ 和 $S_L(t)$，此时最优质量是契约协调上限。

命题3　集中决策情形下集成商与提供商最优物流质量分别为：

$$S_I^{C*} = (\pi_I + \pi_L)[\theta_I(\partial + \omega) + \beta_I \varepsilon]/\lambda_I(\omega + \partial) \tag{4-65}$$

$$S_L^{C*} = (\pi_I + \pi_L)[\theta_L(\partial + \omega) + \beta_L \varepsilon]/\lambda_L(\omega + \partial) \tag{4-66}$$

由式（4-65）、式（4-66）可知，集中决策情形下集成商和提供商物流质量与成本系数、品牌价值衰减系数呈负相关关系，与边际收益、物流质量和品牌形象影响系数及物流质量对线上品牌形象影响系数呈正相关关系。集成商和提供商最优物流质量决策与总边际收益呈正相关关系，表明O2O模式下物流服务供应链中心协调者基于综合收益最大化开展均衡决策，联合一致协调物流服务供应链整体目标。

证明：类似于斯塔克尔伯格博弈，以逆向归纳法求解O2O模式下物流服务供应链合作均衡，假设具有连续有界微分函数 $U_{I,L}^C(D)$ 满足 $D \geqslant 0$ 下偏微分哈密顿-雅可比-贝尔曼方程：

$$U_{I,L}^C(D) \cdot \omega = \max_{S_I, S_L}\{(\pi_L + \pi_I)[a + \theta_I S_I(t) + \theta_L S_L(t) + \varepsilon D(t)] - \lambda_L S_L^2(t)/2 -$$

$$\lambda_I S_I^2(t)/2 + U_{I,L}^{C'}(D)[\beta_I S_I(t) + \beta_L S_L(t) - \partial D_I(t)]\} \tag{4-67}$$

由于式（4-67）是关于 $S_I(t)$ 和 $S_L(t)$ 的凹函数，分别求其一阶偏导得到最大化条件：

$$S_L(t) = [(\pi_I + \pi_L)\theta_L + \beta_L U_{I,L}^{C'}(D)]/\lambda_L \tag{4-68}$$

$$S_I(t) = [(\pi_I + \pi_L)\theta_I + \beta_I U_{I,L}^{C'}(D)]/\lambda_I \tag{4-69}$$

将式（4-68）、式（4-69）代入哈密顿-雅可比-贝尔曼方程式得式（4-70）如下：

$$U_{I,L}^C(D) \cdot \omega = [\varepsilon(\pi_L + \pi_I) - \partial U_{I,L}^{C'}(D)]D(t) + (\pi_L + \pi_I)a$$

$$[(\pi_L+\pi_I)\theta_I+\beta_I U_{I,L}^{C'}(D)]^2/2\lambda_I+[(\pi_L+\pi_I)\theta_L+\beta_L U_{I,L}^{C'}(D)]^2/2\lambda_L$$

$$(4-70)$$

同理，假设式（4-70）最优解线性函数表达式为 $U_{I,L}^{C}(D)=x^C D+y^C$，将其代入式（4-67）得 x^{C*}、y^{C*}，此时最优值函数式（4-71）为：

$$U^{C*}(D)=\frac{(\pi_I+\pi_L)a}{\omega}+\frac{(\pi_I+\pi_L)\varepsilon D}{\omega+\partial}+$$

$$\frac{(\pi_I+\pi_L)^2\{\lambda_L[\theta_I(\partial+\omega)+\beta_I\varepsilon]^2+\lambda_I[\theta_I(\partial+\omega)+\beta_L\varepsilon]^2\}}{2\omega\lambda_I\lambda_L(\partial+\omega)^2}$$

$$(4-71)$$

将式（4-71）及导数代入式（4-68）、式（4-69），即命题 3 得证。

四、均衡结果对比分析

现分别对非合作纳什博弈、成本共担斯塔克尔伯格博弈及合作博弈情形下提供商与集成商物流质量及供应链收益进行对比，分析 O2O 模式下提供商与集成商能否协调物流服务供应链收益。

命题 4 集成商与提供商物流质量比较如下：

（1）集成商最优物流质量对比，即 $S_I^{N*}(t)=S_I^{S*}(t)<S_I^{C*}(t)$；

（2）提供商最优物流质量对比，即 $S_L^{N*}(t)<S_L^{S*}(t)<S_L^{C*}(t)$，其中 $(\pi_I>\pi_L/2)$；$S_L^{N*}(t)\leqslant S_L^{S*}(t)<S_L^{C*}(t)$，其中 $(\pi_I\leqslant\pi_L/2)$。

由命题 4 可知，当 $\pi_I\leqslant\pi_L/2$ 时，成本共担斯塔克尔伯格博弈下物流质量低于无无成本共担非合作纳什博弈，集成商不仅不分担提供商物流成本，还将收取一定费用，这降低了提供商改善物流质量的内在积极性。当 $\pi_I>\pi_L/2$ 时，无成本共担非合作博弈和成本共担斯塔克尔伯格博弈下集成商物流质量相同，提供商物流质量改善，并且增加幅度等于成本共担因子，在协同集中决策下集成商与提供商物流质量最优。

证明：

第一，由式（4-37）、式（4-52）、式（4-65）可知：

$S_I^{N*}(t)-S_I^{S*}(t)=0$，$S_I^{C*}-S_I^{S*}=\pi_L[\theta_I(\partial+\omega)+\beta_I\varepsilon]/\lambda_I(\omega+\partial)>0$，证毕。

第二，由式（4-38）、式（4-53）、式（4-66）可知：

$S_L^{N*}-S_L^{S*}=(\pi_L-2\pi_I)[\theta_L(\omega+\partial)+\beta_L\varepsilon]/\lambda_L(\omega+\partial)$，若 $\pi_I>\pi_L/2$，则 $S_L^{S*}>$ S_L^{N*}；若 $\pi_I\leqslant\pi_L/2$，则 $S_L^{S*}\leqslant S_L^{N*}$。同理，易得 $S_L^{C*}-S_L^{N*}>0$，$S_L^{C*}-S_L^{S*}>0$，证毕。

第三，由式（4-38）、式（4-53）、式（4-54）可得：

$S_L^{S*}-S_L^{N*}=(2\pi_I-\pi_L)[\theta_L(\partial+\omega)+\beta_L\varepsilon]/2\lambda_L(\omega+\partial)=\delta^{S*}S_L^{S*}$，证毕。

命题 5　集成商、提供商及物流服务供应链收益比较如下：

（1）集成商最优收益对比：$U_I^{N*}(D)<U_I^{S*}(D)$。

（2）提供商最优收益对比：$U_L^{N*}(D)<U_L^{S*}(D)$，其中 $\pi_I>\pi_L/2$；$U_L^{N*}(D)\geqslant$ $U_L^{S*}(D)$，其中 $\pi_I\leqslant\pi_L/2$。

（3）集成商、提供商增值收益对比：

当 $\pi_L/2<\pi_I\leqslant 3\pi_L/2$ 时，$U_I^{S*}(D)-U_I^{N*}(D)<U_L^{S*}(D)-U_L^{N*}(D)$；

当 $\pi_I>3\pi_L/2$ 时，$U_I^{S*}(D)-U_I^{N*}(D)>U_L^{S*}(D)-U_L^{N*}(D)$。

（4）物流服务供应链收益对比：

当 $\pi_I>\pi_L/2$ 时，$U^{N*}(D)<U^{S*}(D)<U^{C*}(D)$；

当 $\pi_I\leqslant\pi_L/2$ 时，$U^{S*}(D)\leqslant U^{N*}(D)<U^{C*}(D)$。

由命题 5 可知，当 $\pi_I\leqslant\pi_L/2$ 时，成本共担斯塔克尔伯格博弈有助于改善集成商收益，但无法满足提供商参与约束。当 $\pi_I>\pi_L/2$ 时，成本共担斯塔克尔伯格博弈下集成商与提供商收益大于非合作纳什博弈收益，而集成商收益增值与边际成本相关，这说明成本共担契约自执行性强，有利于两者收益改善。当 $\pi_L/2<\pi_I\leqslant 3\pi_L/2$ 时，提供商增值效果显著；当 $\pi_I>3\pi_L/2$ 时，集成商增值效果显著，因此当集成商边际收益较高时，应采用成本共担契约激励提供商实施高质量物流服务。另外，相较于非合作纳什博弈收益和成本共担斯塔克尔伯格博弈，O2O 模式下物流服务供应链系统协同合作收益最优，集成商与提供商讨价还价能力决定物流服务供应链收益增值份额。

证明：

第一，由最优价值表达式（4-49）、式（4-62）可得：

$$U_I^{S*}(D) - U_I^{N*}(D) = \frac{(2\pi_I - \pi_L)^2 [\theta_L(\partial+\omega)+\beta_L\varepsilon]^2}{8\omega\lambda_L(\partial+\omega)^2} > 0 \qquad (4-72)$$

第二，由最优价值表达式（4-50）、式（4-63）可得：

$$U_L^{S*}(D) - U_L^{N*}(D) = \frac{\pi_L(2\pi_I - \pi_L)[\theta_L(\partial+\omega)+\beta_L\varepsilon]^2}{4\omega\lambda_L(\partial+\omega)^2} \qquad (4-73)$$

显然，若 $\pi_I > \pi_L/2$ 时，$U_L^{N*}(D) < U_L^{S*}(D)$；若 $\pi_I \leqslant \pi_L/2$ 时，$U_L^{N*}(D) \geqslant U_L^{S*}(D)$。

第三，由式（4-72）、式（4-73）可得：

$$[U_I^{S*}(D) - U_I^{N*}(D)] - [U_L^{S*}(D) - U_L^{N*}(D)] = \frac{(\pi_L - 2\pi_I)(2\pi_I - 3\pi_L)[\theta_L(\partial+\omega)+\beta_L\varepsilon]^2}{8\omega\lambda_L(\partial+\omega)^2}$$

若 $\pi_L/2 < \pi_I \leqslant 3\pi_L/2$，则 $U_I^{S*}(D) - U_I^{N*}(D) < U_L^{S*}(D) - U_L^{N*}(D)$；若 $\pi_I > 3\pi_L/2$，则 $U_I^{S*}(D) - U_I^{N*}(D) > U_L^{S*}(D) - U_L^{N*}(D)$。

第四，由式（4-51）、式（4-64）、式（4-71）可得：

$$U^{S*}(D) - U^{N*}(D) = \frac{(4\pi_I^2 - \pi_L^2)[\theta_L(\partial+\omega)+\beta_L\varepsilon]^2}{8\omega\lambda_L(\partial+\omega)^2}$$

此时，当 $\pi_I > \pi_L/2$ 时，$U_L^{N*}(D) < U_L^{S*}(D)$；当 $\pi_I \leqslant \pi_L/2$ 时，$U_L^{N*}(D) \geqslant U_L^{S*}(D)$；同理，易知 $U^{C*}(D) - U^{N*}(D) > 0$，$U^{C*}(D) - U_I^{S*}(D) > 0$。

五、算例分析

研究由一个平台型物流集成商与一个功能型物流服务提供商组成的

O2O 模式下的物流服务供应链。O2O 模式下质量是物流服务供应链持续发展的根本，平台使用偏好不仅与线上网络环境和市场品牌有关，更受线下物流服务质量影响。为确保 O2O 模式下物流服务供应链持续发展，线上平台将采取成本共担模式促使提供商提供高质量的物流服务。因此，运用 MATLAB 平台对比非合作纳什博弈、成本共担斯塔克尔伯格博弈及合作博弈情形下的平台集成商、提供商及物流服务供应链系统收益，进而得出交易双方的最优决策参数。本部分给出具体数值算例检验所构建 O2O 模式下物流服务供应链成本共担模型的有效性。为验证模型可行性与有效性，避免具体算例对模型性能可信度的影响，本部分在满足前文参数关系约束 $\beta_I > 0$、$\beta_L > 0$、$\partial > 0$、$\delta(t) < 1$、$a \geq 0$、$\theta_I > 0$、$\theta_L > 0$、$\varepsilon > 0$ 的基础上通过随机方式设定基本参数，具体参数赋值如下：$\alpha = 0.4$、$p = 12$、$c_I = 2$、$c_L = 4$、$\lambda_I = 5$、$\lambda_L = 7$、$\beta_I = 2$、$\beta_L = 4$、$a = 11$、$\theta_I = 4$、$\theta_L = 3$、$\omega = 0.4$、$\partial = 0.6$、$\varepsilon = 2$。以此构建 O2O 模式下物流服务供应链成本共担契约决策的整体实验环境，并采用灵敏度进一步分析物流成本参数 λ_L 和物流质量对市场需求影响系数 θ_L 等参数对决策的影响机制。

（一）收益分析

基于式（4-51）、式（4-64）、式（4-71）对比非合作纳什博弈、成本共担斯塔克尔伯格博弈及合作博弈情形下 O2O 物流服务供应链收益（见图 4-3）。采用物流成本共担策略斯塔克尔伯格博弈能够实现 O2O 模式下物流服务供应链收益帕累托改进。由于此时 $\pi_I > \pi_L/2$，三种情形下物流服务供应链收益关系为 $U^{N*}(D) < U^{S*}(D) < U^{C*}(D)$，命题 5 结论得到验证。由图 4-3 可知，当平台集成商与提供商采用协同合作时，O2O 物流服务供应链集中决策总收益大于其他合作模式，协同策略优于非合作纳什博弈、成本共担斯塔克尔伯格博弈，显然 O2O 物流服务供应链协同合作为最优策略。然而，由于协同合作是一定条件下子系统通过相互竞争合作自发形成

的有序结构，带来关联有序运动，产生协同效应，但在实现中，自组织的方式和过程面对集成商、提供商协同治理成本高、利益主体协调难度大、信息不对称情况突出等问题，这需要主体投入巨大的人力、物力，克服自身局限，建构开放体系来完成一致动作，而各主体间的有限理性、机会主义使共识达成和绩效确定因受合作意愿、合作动机和合作能力制约难以实现。O2O 模式下物流服务供应链成本共担契约所架构的权责体系对内部组织结构及运行状态具有控制和决定作用，从而使主体相互间紧密配合，履行各自的基本职责，实现系统有序高效运行。因此，O2O 模式下通过成本共担建构塑造物流服务供应链非线性关系将产生一定的协同作用，限制非合作纳什博弈行为确保参与主体间形成关联有序的动作，并嵌入整个 O2O 物流服务供应链网络体系。

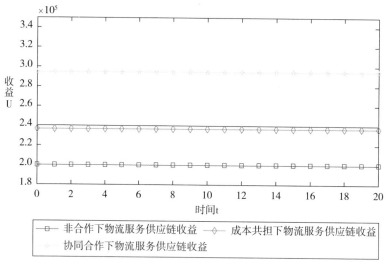

图 4-3　O2O 模式下物流服务供应链收益对比

进一步地，根据式（4-49）、式（4-50）、式（4-62）、式（4-63）探讨非合作博弈和成本共担下斯塔克伯格模型收益趋势。由图 4-4 可知，非合作博弈时的最优收益函数 $U_I^{N*}(D)$、$U_L^{N*}(D)$ 均低于成本共担时的

最优收益函数 $U_I^{S*}(D)$、$U_L^{S*}(D)$，可见成本共担契约能够实现提供商与集成商帕累托收益改进。由图4-4可知，成本共担契约使用前后提供商与集成商收益趋势发现，契约对提供商收益改善效果比对平台集成商收益改善更加有效。物流成本共担机制下集成商承担提供商的部分线下成本，提供商为获取更多的市场需求必须提供优质的物流产品以保障合作的持续性，这种良性循环有助于提供商收益进一步增加。与此同时，旺盛的市场需求有效弥补集成商的成本分担压力，使集成商收益进一步增加，物流成本共担情形下集成商与提供商收益增长比非合作情景下更显著，共同达到帕累托改进。但由于集成商收益改善仅受需求变化因素的影响，边际收益效果有限，而物流成本和市场需求却同时积极作用于提供商收益，因此成本共担机制对提供商的影响效应优于对集成商的影响效应。

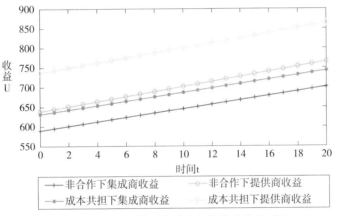

图4-4　成本共担前后集成商与提供商收益对比

（二）物流成本共担契约改善效果

根据式（4-72）、式（4-73）可知物流服务提供商成本参数 λ_L 对物流成本共担契约帕累托影响效果（见图4-5）。伴随提供商物流成本系数提升，物流成本共担契约对O2O模式下提供商与集成商收益影响效果递减。当线下提供商物流质量成本系数增加时，集成商必须支付更多的成本，物流成本共担契约激励效应不显著。平台集成商实施物流成本共担决策时需要考虑线下物流成本，在物流服务成本系数较小时，其实施高比例的共担策略，而在物流服务成本系数较大时，其提供低比例的共担策略。因此，控制并改善提供商线下物流成本是实现O2O模式下物流服务供应链协同治理的必要条件。然而，随着物流过程越来越复杂和物流资源优化配置的管理难度随之提高，物资流通过程中各环节联合调度便更重要，也更复杂。近年来自动化信息技术水平不断提升，提供商物流系统智能化水平快速发展，先进的信息技术广泛应用于运输、仓储、配送、包装、装卸等线下物流企业活动环节，不仅有助于实现线下物流资源信息化优化调度与有效配置和货物物流自动化运作，还能通过加强物流过程管理和提高物流效率改善质量，降低物流服务成本。

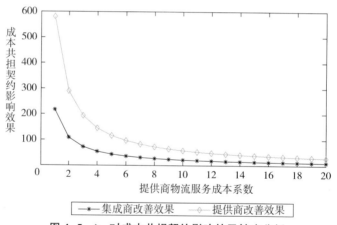

图 4-5　λ_L 对成本共担契约影响的灵敏度分析

根据式（4-72）、式（4-73）可知物流质量的市场需求影响系数 θ_L 对服务成本共担契约帕累托影响效果（见图4-6）。提供商线下物流质量影响系数增加使线下物流质量客户敏感性提升，线下提供商单位物流带来更多的市场需求，成本共担契约下集成商、提供商收益均呈上升趋势，并且提供商收益激励效果更为显著。平台集成商通过调查线下物流质量对市场作用水平后优化物流成本共担因子 $\delta(t)$，激励提供商提供高质量物流服务，不仅进一步推高双方收益水平，也强化了提供商物流成本共担契约的议价能力。议价情形下集成商承担成本比例将大于由集成商单独提供的成本比例，原因在于集成商单独决策成本共担因子时会尽量最大化自身利益，降低平台运营成本，而由物流服务供应链两主体博弈产生的成本共担契约，充分考虑了利润最大化条件下的约束，实现线下提供商更低的分摊成本。

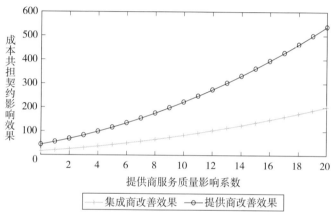

图 4-6　θ_L 对成本分担契约影响的灵敏度分析

根据式（4-72）、式（4-73）可知集成商品牌形象影响参数 ε 对物流成本共担契约帕累托影响效果（见图 4-7）。随着集成商品牌形象影响参数提升，集成商线上平台能够带来更多的市场客户，线下收益显著改善，由于市场需求提升有效弥补集成商的分担成本，其收益增幅继续扩大，共同实现收益帕累托改进。从提供商和集成商收益改善效果来看，强化品牌形象参数比线下提供商成本参数和物流质量参数对供应链的收益改善更具意义，出现这种现象的背后逻辑可能在于平台组织在 O2O 模式下的物流服务供应链中处于主导地位。当下社会化媒体的普及，对于 O2O 模式下物流服务供应链收益的改善，需要在降低线下成本参数和提高物流质量的同时塑造积极的品牌形象，利用品牌推广向顾客展示服务价值并形成口碑传播效应，成本共担有利于实现更加有效的治理。

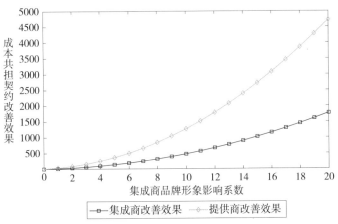

图 4-7 ε 对成本分担契约影响的灵敏度分析

六、结论与启示

（一）研究结论

考虑 O2O 模式下质量与品牌对物流服务供应链的作用，引入微分博弈模型研究集成商与提供商的合作问题，采用哈密顿−雅可比−贝尔曼方程对比非合作纳什博弈、成本共担斯塔克尔伯格博弈及合作博弈情形下提供商与集成商的线上线下质量及物流服务供应链收益，求解最优物流质量、最优收益及成本共担比例。首先，在 O2O 模式下，集成商与提供商考虑物流质量投入产出及平台品牌形象与市场需求影响效应而展开决策。在非合作博弈下，提供商与集成商仅考虑自身收益，在成本共担契约下，提供商不仅考虑自身边际收益，还将平台集成商边际收益纳入决策因素；在协同情形下，两者边际收益均被考虑。其次，在 O2O 模式下，当线上边际收益 $\pi_l > \pi_L/2$ 时，集成商与提供商物流质量变化不一，其中集成商质量无变化，而提供商质量提升程度与物流成本共担系数等同。再次，相较于非合作纳什博弈情形，成本共担使 O2O 模式下物流服务供应链系统及内部主体收益均得到改善，线上平台边际收益与其增量呈正相关关系，集成商实施成本共担意愿随之强化。最后，当协同合作嵌入 O2O 模式下物流服务供应链时，线上线下收益均实现最优化，即协同合作模式是提供商与集成商帕累托最优博弈策略，但主体的有限理性、机会主义制约了合作意愿、合作动机和合作能力，而 O2O 模式下成本共担权责体系更易实现物流服务供应链合作效率的持续改善。

（二）管理启示

O2O 模式下考虑质量与品牌的物流服务供应链成本共担契约是集成商与提供商实施合作的有效举措。研究启示如下：首先，平台集成商可利用大数据、云计算及人工智能技术对客户线上评论、使用意向及满意程度等相关信息展开分析，贴近市场需求趋势与动向，为线下提供商提供适合的专业物流质量制定可行方案。其次，为激励提供商的服务积极性，集成商可以直接补贴形式降低线下物流质量成本，充分平衡利润最大化条件下的约束决策，提供商利用自身议价能力降低成本共担比例，巩固双方合作收益与持续意愿。最后，考虑平台品牌形象塑造依赖于创新互联网产品及用户交互生态圈，上下游主体参与价值共创有助于塑造线上线下品牌形象，平台企业可充分利用其在 O2O 模式下的物流服务供应链组织主导地位积极打造可持续型互联网产品创新模式，在互动体验的基础上搭建畅通的信息沟通机制，达到提升集成平台市场品牌形象的目的。本书设计成本共担契约虽然能够实现 O2O 模式下物流服务供应链收益的帕累托优化，但还未达到集成商与提供商合作决策的理想情形，未来可进一步展开有关平台品牌与质量决策模型改进的研究。

第三节　本章小结

　　首先，依据集成商与提供商质量合作特性，采用埃奇沃斯盒模型揭示物流服务供应链质量合作机理，建立集成商与提供商契约曲线的"质量—利益"方案集合。基于集成商与提供商质量合作流程，构建物流服务供应链质量委托代理基础模型，分析由服务收益、努力成本、惩罚成本、质检成本及赔偿成本构成的提供商收益结构和由质量增值、质检成本、机构成本、惩罚收益、赔偿成本及声誉损失成本构成的集成商收益结构；采用斯塔克尔伯格博弈模型分析道德风险与逆向选择共存时的质量激励契约纳什博弈均衡。其次，考虑跨期合作服务质量对平台品牌的影响，构建成本共担双主体微分博弈模型激励提供商实施高质量的线下物流服务。采用哈密顿-雅可比-贝尔曼方程式探讨非合作纳什博弈、成本共担斯塔克尔伯格博弈及合作博弈情形下物流服务供应链成本共担协调策略。结果表明，O2O模式下物流服务供应链质量最优决策与成本投入、边际收益及品牌效应有关；虽然协同合作与成本共担均可实现物流服务供应链收益改进，但主体的有限理性、机会主义制约了合作意愿、合作动机和合作能力，而O2O模式下成本共担权责体系更易实现主体相互间紧密配合，履行各自职责，实现O2O模式下物流服务供应链合作效率的持续改善。

运作风险视域下物流服务供应链中断协调机制研究

本章主要内容：①针对物流服务供应链运作中断问题，提出背景与问题；②构建物流服务供应链演化博弈模型，解析考虑中断概率的物流服务供应链决策博弈；③提出数值仿真与管理建议，对比不同时间阶段内两者演化策略差异变化情况；④本章小结。

第一节　背景与问题提出

一、研究背景

物流服务供应链是以能力合作为核心的跨企业组织，各环节之间环环相扣形成彼此依赖、联系紧密的利益共同体，要想高效运作需要根据供应链企业的生产节奏实时调整策略。然而，近期世界经济发展出现大波动、市场环境波动、商业模式转变及产品多元化等因素引发物流服务供应链内外部环境不稳定性加剧，许多重大负面事件给系统整体及企业造成了巨大损失。加之物流产品所具有的无形性、过程性、异质性及生产与消费不可分割性等使物流服务供应链更易遭受内外部突发事件的冲击，任何节点出现差错都可能导致物流功能网链整体性机能失调甚至断裂。特别是目前我国中小型物流企业数量众多，管理水平不高、运行效率低下、应急控制能力不足，为物流安全高效运转埋下了许多隐患。依据公开披露的信息，中断发生率较高的物流环节分别是运输与仓储，而提供商消极运营和集成商监管责任缺失则是发生物流中断的重要因素。因此，在突发危机下考虑中断概率的物流服务供应链运营决策成为提高物流竞争水平的关键。

基于此，本部分针对突发事件环境下功能型物流服务提供商和物流服务集成商间的演化博弈问题，在不同中断概率条件下从不同维度分析集成商如何监管提供商的运营活动，重点探索以下三个问题：突发事件下集成商如何利用监管机构协调利益主体使物流服务供应链运营具有稳健性？中断概率如何影响提供商和监管机构的策略选择？集成商惩罚措施和社会声誉成本系数对各博弈主体运营决策的影响效应如何？以期为物流服务供应链突发事件管理提供科学依据。

二、问题提出

面对突发事件，物流服务供应链不再是多元主体的简单合作，需要集成商建立监管机构形成保障安全运营的新体系。物流集成商、功能型提供商和监管机构是被纳入突发事件下物流服务供应链安全协同系统的多元参与主体。考虑突发危机期间的物流失效扩散性特点，集成商监管机构参与的联防联控是有效的应对方式。首先，突发风险阶段，物流安全具有明显的外部正向效应，而安全协同治理内部的私人边际收益小于外部社会边际收益，如果没有监管，参与企业对安全运营的积极性不足，合作无法实现帕累托最优。加之物流提供商"以邻为壑"的运营决策倾向，单边合作管理模式很难达到满意效果，此时监管机构必须介入。其次，物流服务供应链的安全运营合作存在交易成本，科斯第二定理指出在交易费用大于零的世界里，不同的权利界定会带来不同效率的资源配置，因此集成商监管机构参与成为一种必然。本书采用演化博弈模型进行分析，由于物流服务供应链系统的复杂性参与主体无法具备完全理性，只有通过不断模仿和尝试才能寻找最优策略。演化博弈针对有限理性的参与人构建自利个体决策更新过程，能够应用于合作博弈演化问题，寻求物流服务供应链安全运营系统的演化稳定策略。在构建安全的运营系统时，集成商监管机构需要按照当地突发危机强度与趋势判断中断风险，因此集成商监管机构存在两种选择（严格/放松监管）。相应地，提供商在资源有限的条件下面对运营决策同样存在两种策略（积极/消极运营）。至此，多主体博弈收益结构见图5-1。

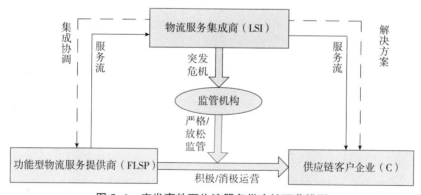

图 5-1　突发事件下物流服务供应链运营模型

　　突发危机阶段，提供商与集成商监管机构均为有限理性博弈主体，双方在不对称信息条件下具有各自的博弈策略。假设：突发事件下物流运营中断事件概率由 λ 表示；提供商积极运营概率为 α，其中 $0<\alpha<1$，消极运营概率为 $(1-\alpha)$；集成商监管机构严格监管概率为 β，其中 $0<\beta<1$，放松监管概率为 $(1-\beta)$。提供商和集成商监管机构博弈策略的收益矩阵见表5-1。

表 5-1　博弈策略收益矩阵

主体2	主体1 策略收益	物流服务集成商监管机构	
		严格监管	放松监管
功能型物流 服务提供商	积极运营	$(a-c_F,\ b-c_L)$	$(a-c_F,\ b)$
	消极运营	$(-k,\ b-c_L)$	$((1-\lambda)a-\lambda z,\ (1-\lambda)b-\lambda s)$

在表 5-1 中，提供商积极运营的经济收益表示为 $a(a>0)$，提供商积极运营的投入成本为 $c_F(0<c_F<a)$。假设集成商监管机构严格监管时不会发生中断事件，突发事件下集成商监管机构的社会效益为 $b(b>0)$，对提供商实施严格监管需要付出成本 $c_L(0<c_L<b)$。突发事件期间，提供商和集成商监管机构的策略情景如下：

情景一　当提供商和集成商监管机构选择（积极运营，严格监管）时，提供商收益为（$a-c_F$），监管机构收益为（$b-c_L$）。

情景二　当提供商和集成商监管机构选择（积极运营，放松监管）时，提供商收益仍为（$a-c_F$），由于监管机构无运营监管投入成本，所以集成商收益为 b。

情景三　当提供商和集成商监管机构选择（消极运营，严格监管）时，若监管机构发现提供商消极运营，监管机构终止对应的提供商物流服务，并给予惩罚成本 $k(k>0)$，这时提供商的经济收益为 $-k$。由于监管部门上缴惩罚成本，所以其收益仍为（$b-c_L$）。

情景四　当提供商和集成商监管机构选择（消极运营，放松监管）时，突发危机下发生中断事件对社会经济活动产生重大负面作用，造成财产损失为 $z(z>0)$，并且社会财产损失超过给予提供商的惩罚成本 k，即 $k>z$。由于监管机构懈怠遭到社会公众信任危机，产生声誉损失成本为 $s(s>0)$。当提供商无中断事件发生时（$\lambda=0$），提供商收益为 a，监管机构收益为 b；当提供商发生中断事件时（$\lambda=1$），提供商收益为 $-z$，监管机构收益为 $-s$。因此，突发事件下提供商期望收益为 $[(1-\lambda)a-\lambda z]$，监管机构期望收益$[(1-\lambda)b-\lambda s]$。

至此，突发事件下提供商积极运营的期望收益为$E_{F1}=\beta(a-c_F)+(1-\beta)(a-c_F)$；消极运营期望收益为$E_{F2}=\beta(-k)+(1-\beta)[(1-\lambda)a-\lambda z]$，提供商平均期望收益为$E_F=\alpha E_{F1}+(1-\alpha)E_{F2}$。集成商严格监管收益为$E_{L1}=\alpha(b-c_L)+(1-\alpha)(b-c_L)$；放松监管收益为$E_{L2}=\alpha b+(1-\alpha)[(1-\lambda)b-\lambda s]$。监管机构平均期望收益为$E_L=\beta E_{L1}+(1-\beta)E_{L2}$。

第二节　演化博弈模型构建

一、提供商策略演化解析

在演化博弈模型中，提供商策略演化可用复制动态方程解析，构建提供商复制动态方程。具体如下：

$$G_F(\alpha,\beta)=d\alpha/dt=\alpha(E_{F1}-E_F)=\alpha(1-\alpha)\{\lambda(a+z)-c_F+\beta[a+k-\lambda(a+z)]\}$$
$$(5-1)$$

由式（5-1）可知，$\alpha=0$、$\alpha=1$是$G_F(\alpha,\beta)$的两个平衡点。为探讨平衡点演化的稳定性，对$G_F(\alpha,\beta)$求解α偏导数$\partial G_F(\alpha,\beta)/\partial\alpha$可得：

$$\partial G_F(\alpha,\beta)/\partial\alpha=(1-2\alpha)\{\lambda(a+z)-c_F+\beta[a+k-\lambda(a+z)]\} \quad (5-2)$$

按照演化稳定性原理，$\partial G_F(\alpha,\beta)/\partial\alpha$值决定了平衡点是否稳定，具体如下：

（1）当$\beta<c_F-\lambda(a+z)/[a+k-\lambda(a+z)]$时，若$\alpha=0$，$1-2\alpha>0$，则$\partial G_F(\alpha,\beta)/\partial\alpha<0$为稳定策略；若$\alpha=1,1-2\alpha<0$，则$\partial G_F(\alpha,\beta)/\partial\alpha>0$不是稳定策略。

（2）当 $\beta>c_F-\lambda(a+z)/[a+k-\lambda(a+z)]$ 时，若 $\alpha=0$，$1-2\alpha>0$，则 $\partial G_F(\alpha,\beta)/\partial\alpha>0$ 不是稳定策略；若 $\alpha=1$，$1-2\alpha<0$，则 $\partial G_F(\alpha,\beta)/\partial\alpha<0$ 是稳定策略。

（3）当 $\beta=c_F-\lambda(a+z)/[a+k-\lambda(a+z)]$ 时，无论 $\alpha=0$ 还是 $\alpha=1$，$\partial G_F(\alpha,\beta)/\partial\alpha=0$ 都是稳定策略。

由于 $\partial G_F(\alpha,\beta)/\partial\alpha=(1-2\alpha)\{\lambda(a+z)-c_F+\beta[a+k-\lambda(a+z)]\}$ 可知，中断概率 λ 能够影响提供商的演化稳定性，根据 $0<c_F<a$ 约束可得如下类型：

情景一 当 $c_F-\lambda(a+z)>0$，$a+k-\lambda(a+z)>0$，$a+k>c_F$ 时，$\lambda\in(0,c_F/(a+z))$。此时 $\partial G_F(\alpha,\beta)/\partial\alpha$ 稳定策略为：若 $\beta>c_F-\lambda(a+z)/[a+k-\lambda(a+z)]$，则 $\alpha=1$ 是稳定策略；若 $\beta<c_F-\lambda(a+z)/[a+k-\lambda(a+z)]$，则 $\alpha=0$ 是稳定策略。

情景二 当 $c_F-\lambda(a+z)\leq0$，$a+k-\lambda(a+z)>0$，$a+k>c_F$ 时，$\lambda\in[c_F/(a+z),(a+k)/(a+z))$。此时 $c_F-\lambda(a+z)/[a+k-\lambda(a+z)]<0$，而由 $\beta>0$ 可知必有 $\beta>c_F-\lambda(a+z)/[a+k-\lambda(a+z)]$，则 $\alpha=1$ 是稳定策略。

情景三 当 $c_F-\lambda(a+z)<0$，$a+k-\lambda(a+z)<0$，$c_F-\lambda(a+z)<[a+k-\lambda(a+z)]$ 时，$\lambda\in((a+k)/(a+z),1)$。此时 $c_F-\lambda(a+z)/[a+k-\lambda(a+z)]>1$，而由 $\beta<1$ 可知必有 $\beta<c_F-\lambda(a+z)/[a+k-\lambda(a+z)]$，则 $\alpha=0$ 是演化稳定策略。

综上所述，在物流中断概率 $\lambda\in(0,c_F/(a+z))$ 时，当 $\beta>c_F-\lambda(a+z)/[a+k-\lambda(a+z)]$ 时，提供商选择积极运营；当 $\beta<c_F-\lambda(a+z)/[a+k-\lambda(a+z)]$ 时，提供商选择消极运营；在物流中断概率 $\lambda\in(c_F/(a+z),1)$ 时，提供商选择积极运营。

二、集成商监管机构策略演化解析

在演化博弈模型中，集成商监管机构策略演化可用复制动态方程解析，构建集成商监管机构复制动态方程。具体如下：

$$G_L(\alpha,\beta)=d\beta/dt=\beta(E_{L1}-E_L)=\beta(1-\beta)\{\lambda(b+s)-c_L-\alpha[\lambda(b+s)]\}$$

$$(5-3)$$

由式（5-3）可知，$\beta=0$、$\beta=1$ 是 $G_L(\alpha,\beta)$ 的两个平衡点。为探讨平衡点演化的稳定性，对 $G_L(\alpha,\beta)$ 求解 β 偏导数 $\partial G_L(\alpha,\beta)/\partial\beta$ 可得：

$$\partial G_L(\alpha,\beta)/\partial\beta=(1-2\beta)\{\lambda(b+s)-c_L-\alpha[\lambda(b+s)]\} \qquad (5-4)$$

按照演化稳定性原理，$\partial G_L(\alpha,\beta)/\partial\beta$ 值决定了平衡点是否稳定，具体如下：

（1）当 $\lambda(b+s)-c_L-\alpha[\lambda(b+s)]>0$ 时，若 $\beta=1,\partial G_L(\alpha,\beta)/\partial\beta<0,\beta=1$ 是 $G_L(\alpha,\beta)$ 的平衡点；若 $\beta=0$，$\partial G_L(\alpha,\beta)/\partial\beta>0$，$\beta=0$ 不是 $G_L(\alpha,\beta)$ 的平衡点。

（2）当 $\lambda(b+s)-c_L-\alpha[\lambda(b+s)]<0$ 时，若 $\beta=1$，$\partial G_L(\alpha,\beta)/\partial\beta>0$，$\beta=1$ 不是 $G_L(\alpha,\beta)$ 的平衡点；若 $\beta=0$，$\partial G_L(\alpha,\beta)/\partial\beta<0$，$\beta=0$ 是 $G_L(\alpha,\beta)$ 的平衡点。

（3）当 $\lambda(b+s)-c_L-\alpha[\lambda(b+s)]=0$ 时，无论 $\beta=0$ 还是 $\beta=1$，$\partial G_L(\alpha,\beta)/\partial\beta=0$ 都是稳定策略。

与提供商演化均衡类似，由 $\partial G_L(\alpha,\beta)/\partial\beta=(1-2\beta)\{\lambda(b+s)-c_L-\alpha[\lambda(b+s)]\}$ 可知，中断概率 λ 能够影响集成商监管机构的演化稳定性，根据 $c_L>0$ 约束，可得 $\lambda(b+s)-c_L<\lambda(b+s)$，具体类型如下：

情景一　当 $[\lambda(b+s)-c_L]/\lambda(b+s)\leq0$，$\lambda(b+s)-c_L\leq0$ 时，由于 $\alpha>0$，则 $\alpha>[\lambda(b+s)-c_L]/\lambda(b+s)$，其中 $\lambda\in(0,c_L/(b+s))$，因此 $\beta=0$ 是 $G_L(\alpha,\beta)$ 的平衡点。

情景二　当 $0<[\lambda(b+s)-c_L]/\lambda(b+s)<1$，$\lambda(b+s)-c_L>0$ 时，其中 $\lambda\in(c_L/(b+s),1)$，若 $\alpha>[\lambda(b+s)-c_L]/\lambda(b+s)$，则 $\beta=0$ 是 $G_L(\alpha,\beta)$ 的平衡点；若 $\alpha<[\lambda(b+s)-c_L]/\lambda(b+s)$，则 $\beta=1$ 是 $G_L(\alpha,\beta)$ 的平衡点。

综上所述，在物流中断概率 $\lambda\in(0,c_L/(b+s))$ 下，无论提供商选择积极运营还是消极运营策略，集成商监管机构均选择放松监管策略；在物流

中断概率 $\lambda \in (c_L/(b+s),1)$ 下，若提供商积极运营概率 $\alpha > [\lambda(b+s)-c_L]/\lambda(b+s)$，集成商监管机构选择放松监管策略；若提供商积极运营概率 $\alpha < [\lambda(b+s)-c_L]/\lambda(b+s)$，集成商监管机构选择严格监管策略。

三、考虑中断概率的物流服务供应链决策博弈解析

假设 $\lambda_1 = c_F/(a+z)$、$\lambda_2 = c_L/(b+s)$，其中 λ_1 表示提供商投入收益比率，λ_2 表示集成商监管机构投入收益比率。因此，λ_1、λ_2 将中断概率 $\lambda \in (0,1)$ 分为三类风险区间，λ_1、λ_2 为中断概率阈值。由于 λ_1、λ_2 大小无法判断，可具体分析不同中断概率区间下的提供商和监管机构的演化博弈策略，具体而言：

类型一 若 $\lambda_1 < \lambda_2$，即提供商投入收益比率小于集成商监管机构投入收益比率时，中断概率存在 $\lambda \in (0, \lambda_1)$、$\lambda \in (\lambda_1, \lambda_2)$、$\lambda \in (\lambda_2, 1)$ 三种情况，演化博弈策略如下：

当 $\lambda \in (0, \lambda_1)$ 时，由集成商监管机构演化博弈情景一可知 $[\lambda(b+s)-c_L]/\lambda(b+s) \leqslant 0$，$\alpha > [\lambda(b+s)-c_L]/\lambda(b+s)$，因此 $\beta=0$ 是 $G_L(\alpha, \beta)$ 的平衡策略，监管机构选择放松监管策略。此时 $c_F - \lambda(a+z)/[a+k-\lambda(a+z)] > 0$，即 $\beta < c_F - \lambda(a+z)/[a+k-\lambda(a+z)]$，由提供商演化策略知 $\alpha=0$，$\partial G_F(\alpha, \beta)/\partial\alpha < 0$ 为稳定策略。因此，（消极运营，放松监管）是 $\lambda \in (0, \lambda_1)$ 时提供商与集成商监管机构的稳定策略。

当 $\lambda \in (\lambda_1, \lambda_2)$ 时，由提供商演化博弈可知在中断概率 $\lambda \in (c_F/(a+z),1)$ 下提供商选择积极运营（$\alpha=1$），由集成商监管机构演化策略知当 $\alpha > [\lambda(b+s)-c_L]/\lambda(b+s)$ 时，监管机构选择 $\beta=0$ 的放松监管策略。因此，（积极运营，放松监管）是 $\lambda \in (\lambda_1, \lambda_2)$ 时提供商与集成商监管机构的稳定策略。

与 $\lambda \in (\lambda_1, \lambda_2)$ 时类似，$\lambda \in (\lambda_2, 1)$ 时，若物流中断概率 $\lambda \in (c_F/$

$(a+z)$，1），则提供商积极运营概率 $\alpha=1$，此时 $\alpha>[\lambda(b+s)-c_L]/\lambda(b+s)$，监管机构放松监管策略概率 $\beta=0$。因此，（积极运营，放松监管）是 $\lambda\in(\lambda_2,1)$ 时提供商与集成商监管机构的稳定策略。

类型二　若 $\lambda_1=\lambda_2=\lambda_0$，即提供商投入收益比率等于集成商监管机构投入收益比率，中断概率存在 $\lambda\in(0,\lambda_0)$、$\lambda\in(\lambda_0,1)$ 两种情况，演化博弈策略如下：

当 $\lambda\in(0,\lambda_0)$ 时，$[\lambda(b+s)-c_L]/\lambda(b+s)<0$，$\alpha>[\lambda(b+s)-c_L]/\lambda(b+s)$，$\beta=0$ 是 $G_L(\alpha,\beta)$ 的稳定策略，监管机构选择放松监管。$c_F-\lambda(a+z)/[a+k-\lambda(a+z)]>0$，$\beta=0$，则 $\beta<c_F-\lambda(a+z)/[a+k-\lambda(a+z)]$，$\alpha=0$ 为 $G_F(\alpha,\beta)$ 的稳定策略，提供商选择消极运营策略。因此，（消极运营，放松监管）是 $\lambda\in(0,\lambda_0)$ 时提供商与集成商监管机构的稳定策略。

当 $\lambda\in(\lambda_0,1)$ 时，$\lambda\in(c_F/(a+z),1)$，$c_F-\lambda(a+z)/[a+k-\lambda(a+z)]<0$，$\beta>0$，则 $\beta>c_F-\lambda(a+z)/[a+k-\lambda(a+z)]$，$\alpha=1$ 为 $G_F(\alpha,\beta)$ 的稳定策略，提供商选择积极运营策略。$\alpha>[\lambda(b+s)-c_L]/\lambda(b+s)$，$\beta=0$ 是 $G_L(\alpha,\beta)$ 的稳定策略，集成商监管机构放松监管是稳定策略。因此，（积极运营，放松监管）是 $\lambda\in(\lambda_0,1)$ 时提供商与集成商监管机构的稳定策略。

类型三　若 $\lambda_2<\lambda_1$，即集成商监管机构投入收益比率小于提供商投入收益比率，中断概率存在 $\lambda\in(0,\lambda_2)$、$\lambda\in(\lambda_2,\lambda_1)$、$\lambda\in(\lambda_1,1)$ 三种情况，演化博弈策略如下：

当 $\lambda\in(0,\lambda_2)$ 时，由集成商监管机构演化博弈情景一可知 $[\lambda(b+s)-c_L]/\lambda(b+s)\leq0$，$\alpha>[\lambda(b+s)-c_L]/\lambda(b+s)$，因此 $\beta=0$ 是 $G_L(\alpha,\beta)$ 的平衡策略，即集成商监管机构选择放松监管策略。此时 $c_F-\lambda(a+z)/[a+k-\lambda(a+z)]>0$，由 $\beta=0$ 得 $\beta<c_F-\lambda(a+z)/[a+k-\lambda(a+z)]$，由提供商演化策略知 $\alpha=0$ 为稳定策略。因此，（消极运营，放松监管）是 $\lambda\in(0,\lambda_2)$ 时提供商与集成商监管机构的稳定策略。

当 $\lambda\in(\lambda_2,\lambda_1)$ 时，$\lambda\in(0,c_F/(a+z))$，当 $\beta>c_F-\lambda(a+z)/[a+k-\lambda$

(a+z)]时，提供商选择积极运营（$\alpha=1$），当 $\beta<c_F-\lambda(a+z)/[a+k-\lambda(a+z)]$时，提供商选择消极运营（$\alpha=0$）。集成商监管部门策略选择将依据提供商策略概率大小决定，若提供商积极运营概率 $\alpha>[\lambda(b+s)-c_L]/\lambda(b+s)$，集成商监管机构选择放松监管策略；若提供商积极运营概率 $\alpha<[\lambda(b+s)-c_L]/\lambda(b+s)$，集成商监管机构选择严格监管策略。当提供商选择积极运营（$\alpha=1$）时，由 $\alpha>[\lambda(b+s)-c_L]/\lambda(b+s)$可知集成商监管机构选择放松监管策略；当集成商选择放松监管（$\beta=0$）时，由 $\beta<c_F-\lambda(a+z)/[a+k-\lambda(a+z)]$可知，提供商选择消极运营。因此，当 $\lambda\in(\lambda_2,\lambda_1)$时，提供商与集成商监管机构将出现循环博弈现象。

当 $\lambda\in(\lambda_1,1)$时，中断概率 $\lambda\in(c_F/(a+z),1)$下 $c_F-\lambda(a+z)/[a+k-\lambda(a+z)]<0$，由 $\beta>0$可得 $\beta>c_F-\lambda(a+z)/[a+k-\lambda(a+z)]$，提供商积极运营概率 $\alpha=1$是稳定策略。此时 $\alpha>[\lambda(b+s)-c_L]/\lambda(b+s)$，集成商监管机构放松监管是稳定策略。因此，（积极运营，放松监管）是 $\lambda\in(\lambda_1,1)$时提供商与集成商监管机构的稳定策略。综上所述，在中断概率值域 $\lambda\in(0,1)$内，阈值 λ_1、λ_2将其分为低级风险、中级风险、高级风险，而当 $\lambda_1<\lambda_2$、$\lambda_1=\lambda_2$、$\lambda_1>\lambda_2$时，不同中断概率区间内的提供商和监管机构将实施不同的演化博弈策略（见表5-2）。

表5-2　具有中断概率的物流服务供应链监管博弈策略

情况分类	低级风险	中级风险	高级风险
$\lambda_1<\lambda_2$	$(0,\lambda_1)$	(λ_1,λ_2)	$(\lambda_2,1)$
稳定策略	（消极运营，放松监管）	（积极运营，放松监管）	（积极运营，放松监管）
$\lambda_1=\lambda_2$	$(0,\lambda_0)$	—	$(\lambda_0,1)$
稳定策略	（消极运营，放松监管）	—	（积极运营，放松监管）
$\lambda_1>\lambda_2$	$(0,\lambda_2)$	(λ_2,λ_1)	$(\lambda_1,1)$
稳定策略	（消极运营，放松监管）	循环博弈	（积极运营，放松监管）

四、惩罚成本和声誉损失对运营决策影响效应

由 $[\lambda(b+s)-c_L]/\lambda(b+s)$、$c_F-\lambda(a+z)/[a+k-\lambda(a+z)]$ 可知，提供商和集成商监管机构演化博弈策略不仅受中断概率 λ 的影响，还会被惩罚成本 k 和声誉损失成本 s 影响。特别是在突发危机期间，物流服务供应链能否高效运作对社会经济至关重要，惩罚和声誉损失成为调节演化博弈稳定策略的有效手段。由演化稳定性状态知 $\alpha=0$、$\alpha=1$ 是 $G_F(\alpha,\beta)$ 的两个平衡点，当 $\beta=c_F-\lambda(a+z)/[a+k-\lambda(a+z)]$ 时，$\partial G_F(\alpha,\beta)/\partial\alpha=0$，即 $E_{F1}=E_{F2}$。由表 5-1 可知提供商和监管机构策略选择（消极运营，严格监管），提供商收益为 $E_{F2}=-k$；提供商和监管机构策略选择（消极运营，放松监管），提供商收益为 $E_{F2}=(1-\lambda)a-\lambda z$。此时提供商消极运营期望收益 E_{F2} 与严格监管概率 β 关系见图 5-2。当 $E_{F2}=0$ 时，与横轴相交于 $\beta_0=[(1-\lambda)a-\lambda z]/\{k+[(1-\lambda)a-\lambda z]\}$，当集成商监管增加提供商的消极运营惩罚成本至 k' 时，$\{k+[(1-\lambda)a-\lambda z]\}$ 逐渐提高，而 β_0 将随之降低至 β_1，即提供商消极运营惩罚成本 k 对集成商的监管力度为负向调节效应。

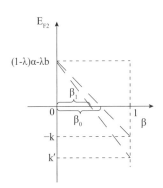

图 5-2　惩罚成本对集成商监管机构演化调节效应

由演化稳定性状态知 $\beta=0$、$\beta=1$ 是 $G_L(\alpha,\beta)$ 的两个平衡点，当$\alpha=$

$[\lambda(b+s)-c_L]/\lambda(b+s)$ 时，$\partial G_L(\alpha,\beta)/\partial\beta=0$，即 $E_{L1}=E_{L2}$。由表 5-1 可知，提供商和监管机构策略选择（积极运营，放松监管），集成商收益为 $E_{L2}=$ b；提供商和监管机构策略选择（消极运营，放松监管），集成商收益为 $E_{L2}=(1-\lambda)b-\lambda s$。此时集成商放松监管期望收益 E_{L2} 与积极运营概率 α 关系见图 5-3。$E_{L2}=0$ 时，与横轴相交于 $\alpha_0=[\lambda(b+s)-b]/\lambda(b+s)$，当集成商监管懈怠遭到社会声誉损失成本增加至 s' 时，$\lambda(b+s')$ 逐渐提高，而 α_0 将随之上升至 α_1，即社会声誉损失成本为 s 对提供商积极运营概率为正向调节效应。

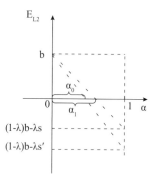

图 5-3 社会声誉对提供商演化调节效应

集成商监管机构提高提供商消极运营惩罚成本 k，短时间内的负面效益迫使提供商选择积极运营，但由于惩罚成本 k 与集成商监管机构的监管力度呈负相关关系，严格监管概率 β 下降后，提供商消极运营概率（1-α）随之升高。为提高突发事件下的物流服务供应链运营效率，单方面加强提供商消极惩罚力度短期内有一定成效，长期内集成商监管机构严格监管力度松懈，这反而提高了提供商的消极运营概率。因此，长期来看要有效控制提供商的运营效率，在使用惩罚措施的同时也必须加强集成商的监管力度。考虑社会声誉损失成本 s 与提供商的积极运营概率呈正相关，因此增加的社会公众声誉损失成本 s 能够转化为集成商的负面效益，促使集成商监管机构强化监管力度，而严格监管概率 β 上升将进一步转化为提供商积极运营概率 α 的提高。

第三节　数值仿真

本部分运用 MATLAB 平台对比低级风险阶段、中级风险阶段及高级风险阶段下平台集成商、提供商及物流服务供应链系统收益，得出交易双方最优决策参数，并给出具体数值算例检验所构建突发事件下物流服务供应链协调模型的有效性。为验证模型的可行性与有效性，避免具体算例对模型性能可信度的影响，研究需满足参数关系约束：$a>0$、$b>0$、$0<c_F<a$、$0<c_L<b$、$k>0$、$z>0$、$s>0$、$k>z$，在此基础上通过随机方式设定基本参数。假设突发危机下提供商积极运营的经济收益 $a=300$ 万元，提供商积极运营投入成本为 $c_F=200$ 万元，此时集成商监管机构创造社会效益为 $b=400$ 万元，对提供商实施严格监管需要付出成本为 $c_L=100$ 万元，对提供商消极运营给予惩罚成本为 $k=100$ 万元，突发事件下发生中断事件将造成的财产损失为 $z=120$ 万元，集成商监管机构声誉损失成本为 $s=200$ 万元。此时上述参数设计符合前述基本要求，由 $\lambda_1=c_F/(a+z)$、$\lambda_2=c_L/(b+s)$ 可得 $\lambda_1=0.48$、$\lambda_2=0.17$，并且 $\lambda_2<\lambda_1$ 符合类型三，即集成商监管机构投入收益比率小于提供商投入收益比率，即中断概率存在低级风险区间 $(0,0.17)$、中级风险区间 $(0.17, 0.48)$、高级风险区间 $(0.48, 1)$ 三种情况。以此构建突发事件下具有中断概率的物流服务供应链协调决策整体实验环境，同时采用灵敏度分析惩罚成本参数和声誉损失成本影响系数对决策的影响效应。

一、不同风险概率下物流服务供应链协调策略演化

低级风险：按照提供商和集成商监管机构策略演化复制动态方程，提供商和集成商监管机构复制动态方程为 $G_F(\alpha,\beta)=\alpha(1-\alpha)(420\lambda-420\lambda\beta+400\beta-200)$，$G_L(\alpha,\beta)=\beta(1-\beta)(600\lambda-600\alpha\lambda-100)$。由于中断概率隶属低级风险区间（0，0.17），提供商积极运营概率为 α（$0<\alpha<1$），监管机构严格监管概率为 β（$0<\beta<1$），此时提供商和集成商监管机构策略关于 α、β、λ 演化的整体仿真见图5-4和图5-5。以 $\lambda=0.10$ 为例，此时中断概率处于低级风险区间（0，0.17），代入提供商复制动态方程得 $G_F(\alpha,\beta)=\alpha(1-\alpha)(358\beta-158)$，在 $\beta=0.44$ 时，$G_F(\alpha,\beta)=0$，$\lambda=0.10$ 时数值仿真见图5-6。由 $\partial G_F(\alpha,\beta)/\partial\alpha=(1-2\alpha)(358\beta-158)$，按照演化稳定性原理可知当 $\beta<0.44$ 时，消极运营时即 $\alpha=0$，$1-2\alpha>0$，则 $\partial G_F(0,\beta)/\partial\alpha<0$ 是稳定策略；积极运营时即 $\alpha=1$，$1-2\alpha<0$，$\partial G_F(1,\beta)/\partial\alpha>0$ 不是稳定策略。当 $\beta>0.44$ 时，消极运营时即 $\alpha=0$，$1-2\alpha>0$，则 $\partial G_F(0,\beta)/\partial\alpha>0$ 不是稳定策略；积极运营时即 $\alpha=1$，$1-2\alpha<0$，则 $\partial G_F(1,\beta)/\partial\alpha<0$ 是稳定策略。当 $\beta=0.44$ 时，无论消极运营 $\alpha=0$ 或积极运营 $\alpha=1$，$\partial G_F(\alpha,\beta)/\partial\alpha=0$，两者均是稳定策略。$\lambda=0.10$ 代入监管机构复制动态方程得 $G_L(\alpha,\beta)=\beta(1-\beta)(-60\alpha-40)$，此时 $G_L(\alpha,\beta)<0$，$\lambda=0.10$ 时的数值仿真见图5-7。由 $\partial G_L(\alpha,\beta)/\partial\beta=(1-2\beta)(-60\alpha-40)$，按照演化稳定性原理可知因 $-60\alpha-40<0$，严格监管 $\beta=1$ 时的 $\partial G_L(\alpha,\beta)/\partial\beta>0$，严格监管即 $\beta=1$ 不是 $G_L(\alpha,\beta)$ 的平衡点，放松监管 $\beta=0$ 时的 $\partial G_L(\alpha,\beta)/\partial\beta<0$，因此放松监管即 $\beta=0$ 是 $G_L(\alpha,\beta)$ 的平衡点。

中级风险：按照提供商和集成商监管机构策略演化复制动态方程，提供商和集成商监管机构复制动态方程为 $G_F(\alpha,\beta)=\alpha(1-\alpha)(420\lambda-420\lambda\beta+400\beta-200)$，$G_L(\alpha,\beta)=\beta(1-\beta)(600\lambda-600\alpha\lambda-100)$。中断概率

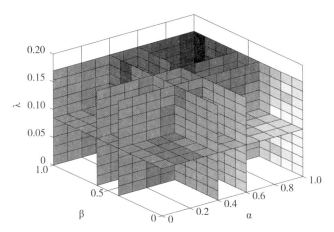

图 5-4　低级风险（0，0.17）提供商演化数值仿真

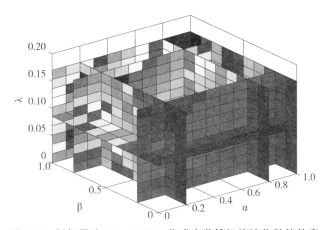

图 5-5　低级风险（0，0.17）集成商监管机构演化数值仿真

隶属中级风险区间（0.17，0.48），提供商积极运营概率为 α（$0<\alpha<1$），监管机构严格监管概率为 β（$0<\beta<1$），此时提供商和集成商监管机构策略关于 α、β、λ 演化整体仿真见图 5-8 和图 5-9。以 $\lambda=0.30$ 为例，中断概率处于中级风险区间（0.17，0.48），代入提供商复制动态方程得 $G_F(\alpha，\beta)=\alpha(1-\alpha)(274\beta-74)$，当 $\beta=0.27$ 时，$G_F(\alpha，\beta)=0$，$\lambda=0.30$ 时的数值仿真见图 5-10。由 $\partial G_F(\alpha，\beta)/\partial\alpha=(1-2\alpha)(274\beta-74)$，按照演化稳定性原理可知当 $\beta<0.27$ 时，提供商选择消极运营，即 $\alpha=0$；当 $\beta>0.27$ 时，

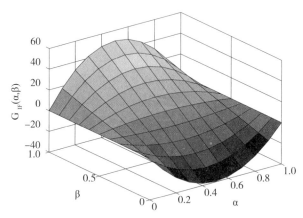

图 5-6　λ=0.10 时提供商演化数值仿真

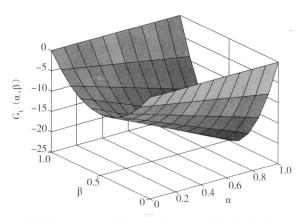

图 5-7　λ=0.10 时集成商监管机构演化数值仿真

提供商选择积极运营，即 $\alpha=1$。当 $\beta=0.27$ 时，无论消极运营 $\alpha=0$ 或积极运营 $\alpha=1$，都有 $\partial G_F(\alpha,\beta)/\partial\alpha=0$，两者均是稳定策略。$\lambda=0.30$ 代入集成商监管机构复制动态方程得 $G_L(\alpha,\beta)=\beta(1-\beta)(80-180\alpha)$，当 $\alpha=0.44$ 时，$G_L(\alpha,\beta)=0$，$\lambda=0.30$ 时的数值仿真见图 5-11。因此，集成商监管部门策略选择将依据提供商策略概率大小决定，当 $\beta>0.27$ 时，提供商选择积极运营，即 $\alpha=1$，提供商积极运营概率 $\alpha>0.44$，集成商监管机构选择放松监管策略，即 $\beta=0$；当 $\beta<0.27$ 时，提供商选择消极运营，即

α＝0，提供商积极运营概率 α＜0.44，集成商监管机构选择严格监管策略，即 β＝1。然而，当提供商选择积极运营时，即 α＝1，由于 α＞0.44，则监管机构选择放松监管策略；又因为集成商选择放松监管，即 β＝0，由于 β＜0.27，则提供商进而又选择消极运营即 α＝0。

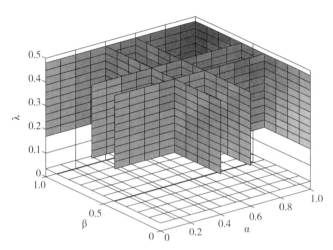

图 5-8　中级风险 （0.17，0.48）提供商演化数值仿真

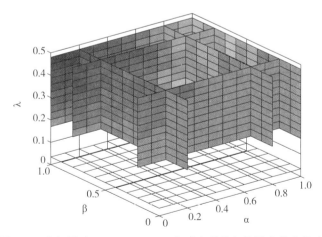

图 5-9　中级风险 （0.17，0.48）集成商监管机构演化数值仿真

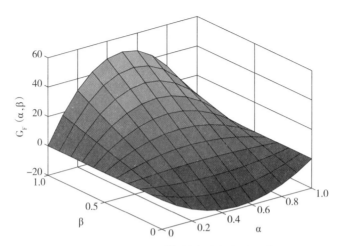

图 5-10　λ=0.30 时提供商演化数值仿真

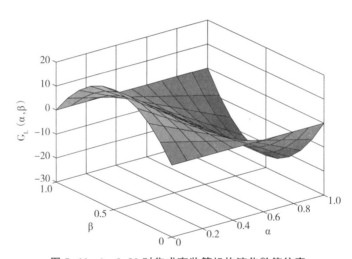

图 5-11　λ=0.30 时集成商监管机构演化数值仿真

高级风险：按照提供商和集成商监管机构策略演化复制动态方程，提供商和集成商监管机构复制动态方程为 $G_F(\alpha,\beta)=\alpha(1-\alpha)(420\lambda-420\lambda\beta+400\beta-200)$，$G_L(\alpha,\beta)=\beta(1-\beta)(600\lambda-600\alpha\lambda-100)$。中断概率隶属高级风险区间（0.48，1.00），提供商积极运营概率为 $\alpha(0<\alpha<1)$，集成商监管机构严格监管概率为 $\beta(0<\beta<1)$，此时提供商和集成商监管机构策略关

于 α、β、λ 演化的整体仿真见图 5-12 和图 5-13。以 λ=0.80 为例，中断概率处于高级风险区间（0.48，1.00），代入提供商复制动态方程得 G_F $(α,β)=α(1-α)(64β+136)$，λ=0.80 时的数值仿真见图 5-14。由图 5-14 可知，无论 β 取任何值均有 $G_F(α，β)>0$，由 $\partial G_F(α,β)/\partial α=(1-2α)$ $(64β+136)$，按照演化稳定性原理可知当 α<0.50 时，消极运营 α=0 时的 $(1-2α)>0$，$\partial G_F(0，β)/\partial α>0$，则 α=0 是稳定策略；当 α>0.50 时，积极运营 α=1 时的 $(1-2α)<0$，$\partial G_F(0,β)/\partial α<0$，则 α=1 是稳定策略。因此，提供商选择积极运营即 α=1 的稳定策略。λ=0.80 代入集成商监管机构复制动态方程得 $G_L(α，β)=β(1-β)(380-480α)$，当 β=0.79 时，$G_F$ $(α，β)=0$，λ=0.80 时的数值仿真见图 5-15。由 $\partial G_L(α，β)/\partial β=(1-2β)(380-480α)$，在提供商选择积极运营稳定策略（α=1）时，则 380-480α<0，按照演化稳定性原理可知严格监管 β=1 时的 $\partial G_L(α，β)/\partial β>0$，则严格监管策略不是 $G_L(α，β)$ 的平衡点；放松监管 β=0 时的 $\partial G_L(α，β)/\partial β<0$，则放松监管是 $G_L(α，β)$ 的平衡点。因此，集成商监管机构将选择放松监管行为作为平衡策略。

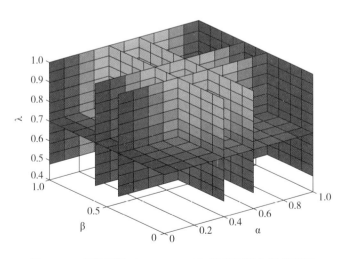

图 5-12　高级风险（0.48，1.00）提供商演化数值仿真

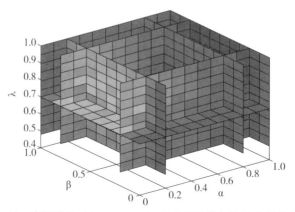

图 5-13　高级风险（0.48，1.00）集成商监管机构演化数值仿真

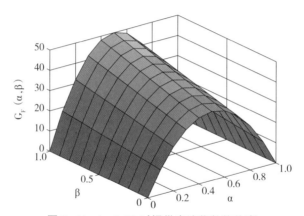

图 5-14　λ=0.80 时提供商演化数值仿真

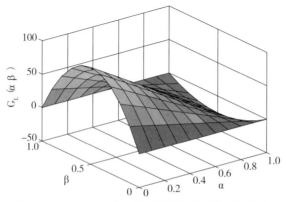

图 5-15　λ=0.80 时集成商监管机构演化数值仿真

二、管理建议

当物流服务供应链中断概率处于低级风险阶段（0，0.17）时，集成商监管机构将选择放松监管策略，消极态度下由于集成商监管力度不足，提供商选择消极运营策略；当物流服务供应链中断概率处于中级风险阶段（0.17，0.48）时，集成商监管部门策略行为将由提供商策略行为决定，即随着物流服务供应链中断概率增加，为应对不确定性集成商监管机构加大监管力度，短期严厉的惩罚措施迫使提供商采取积极运营策略，而当提供商提高了运营积极性，集成商监管机构又选择放松监管行为，短期的高惩罚成本与集成商监管机构监管力度呈负相关关系，此时提供商与集成商监管部门将出现循环博弈现象；当物流服务供应链中断概率处于高级风险阶段（0.48，1.00）时，提供商必然选择积极运营策略应对高不确定性，集成商监管机构策略根据提供商积极运营概率确定，当提供商积极运营概率 $\alpha<0.50$ 时，集成商监管机构必须通过提高惩罚成本来加大监管力度，集成商监管机构选择严格监管策略，反之，当提供商积极运营概率 $\alpha>0.50$ 时，集成商监管机构选择放松监管策略。突发危机下为有效控制物流服务供应链中断事件发生，必须综合考虑提供商和集成商监管机构的惩罚成本 k 和声誉损失成本 s 的作用，可在突发事件爆发初期利用惩罚成本迫使提供商选择积极运营策略，并随着时间推移进而提高社会公众声誉损失成本来强化监管力度，可以实现对物流服务供应链安全运作的持续性控制。具体策略如下：①在低级风险阶段，当集成商监管机构选择放松监管行为时，提供商选择消极运营策略，即使集成商加大对提供商消极运营的惩罚力度，长期不仅不会提高集成商严格监管的积极性，反而会促使提供商选择消极行为；②在中级风险阶段，若提供商选择积极运营时，那么集成商监管机构将采取放松监管策略，由于集成商降低监管力度，提供商继而又将选择消极运营行为，即提供商与集成商监管部门策略呈现循环博弈行为；③在高级风险阶段，面对高不确定环境，提供商自觉采取积极运营行为，而集成商监管机构策略根据提供商的积极运营概率确定，由于集成商声誉损失成本与提供商积极运营概率的正相关性，因此高风险阶段强化集成商社会公众声誉损失成本不仅可在短期内促使集成商监管机构加强监管力度，长期内还可提高提供商的运营积极性。

因此，在突发事件下为实现对物流服务供应链中断事件的有效控制，必须综合考虑提供商和集成商监管机构惩罚措施和社会声誉损失作用，集成商可在突发事件爆发初期及时分析提供商的物流服务行业相关数据，了解顾客的真实需求与想法，加大惩罚力度迫使提供商在短期内尽快选择积极运营策略，随着时间推移从而间接提高社会公众声誉损失，增加双方合作价值和收益，强化集成商监管力度来维持物流服务供应链安全稳定运作的可持续性。

第四节　本章小结

本章针对突发事件下物流服务供应链中断风险问题，将演化博弈理论引入其中探析集成商监管机构与提供商的优化决策，以期实现期望收益最大化。通过探讨物流服务供应链提供商和集成商监管机构博弈策略收益矩阵，构建两者策略演化复制动态方程，按照提供商和集成商监管机构投入收益比率阈值将值域分为低级风险、中级风险与高级风险区段，对比不同风险阶段内两者演化策略差异变化情况，最后验证中断概率下物流服务供应链监管策略的有效性。

需求风险视域下物流服务
供应链能力协调机制研究

本章主要内容：①针对需求风险视域下应急物资调运能力协调问题，提出背景与问题；②描述应急物资调运问题；③提出应急物资 Multi-Agent 动态调度建模；④提出应急物资调运协同动态模型仿真验证；⑤本章小结。

第一节　研究背景

当前我国突发灾害形势依然严峻，各类突发事件仍时有发生，如风雹、森林火灾、地震和雪灾等，既给各受灾地区造成了严重损失，也对灾害应急物资保障工作提出了更大的挑战。应急物资调运是灾后救援活动中的重要环节，有效的应急决策可以防止突发事件衍生扩散，基于应急资源动态调配的救援调度方法对于提高应急物资利用率、减少灾区损失、人员伤亡及支持灾后重建具有重要的意义。近年来，突发灾害应急物资调度成为相关领域的研究热点，Wang 等（2014）建立考虑运输时间、总成本和可靠性的应急物资分次配送非线性整数规划选址模型；陈述等（2015）综合运用协同矩阵、多属性决策理论，将重大突发事件的应急决策问题抽象成多目标优化模型；在此基础上，张雷（2017）提出基于优先等级的震后LRP优化模型；王莉等（2018）、盛虎宜等（2019）同时考虑灾后物资派送的公平性，从不同视角分别构建基于车辆分配公平性与应急物资配送及时性的多目标协调优化模型；宋英华等（2019）、朱洪利等（2018）针对地震等突发事件发生时应急物资需求存在动态变化的特点，构建两阶段应急资源调度模型和最小化配送时间、成本，同时最大化物资分配公平性的应急物资配送模型；陆秋琴和李艺萌（2019）依据优先级顺序精细化分派突发灾害后的应急物资，实现多层级、精细化管理；Park 等（2019）构建不同网络规模、请求数量和服务时间下的应急资源在线调度策略模型。由于突发灾害发生后不确定性复杂因素存在，应急物资保障系统并不是静态的，需要多个部门之间相互协同配合才能共同完成救援任务。但上述研究多以应急资源分配展开探讨，较少考虑参与应急决策部门间的协同作用，尤其缺乏关于应急救援网络中静态应急资源和在途动态应急资源联合有效的调度模型和算法。因此，本书考虑应急物资调运系统的动态特征，借鉴动态调配 Multi-Agent 方法刻画应急物资调运过程中各部门的协同作用，引入动静态应急资源、灾害分布情况及优先等级等因素，对应急物资调运系统的供需路线和救援时效进行分析，建立应急物资调运系统高效的、及时的、低成本的动态调度模型，为迅速有效地保障突发灾害应急物资需求提供参考依据。

第二节　应急物资调运问题描述

突发事件发生后，应急物资系统需要将充足的物资在尽可能短的时间内运送至突发事件发生点。然而，应急物资静态资源和动态资源分布在多个位置，各储备点与应急物资需求地点距离不同，同时各物资储存点拥有的物资数量可能有限。与此同时，突发事件发生后的环境复杂性、不确定性高，动态随机变化的多维不确定性因素使应急物资动态调运变得异常困难。突发灾害应急物资动态调度问题就是针对以上情况，以共享协同为前提，在物资储备点静态资源的基础上，利用突发灾害期间执行巡视任务的动态资源来综合进行灾害应急物资调度，确定前往应急物资需求点的供给点、供给数量及最短路径，实现及时快速的应急最优方案。本章基于Multi-Agent 方法构建应急物资保障系统中各部门间的信息联络，从而实现对应急物资动态调度系统的决策优化。应急物资储存 Agent 和应急物资需求 Agent 将各自的储存数据和需求数据上报集成至调度 Agent，同时依据突发灾害实际变化，优化静态资源和动态资源协同调度方案。由于应急物资运输过程不确定性因素的影响，传统调度系统难以实时感知复杂的外部环境变化，易造成调度策略偏失，因此引入运输 Agent 感知调度系统中的静态应急物资供给点和动态应急物资供给点变化并集成至调度 Agent。调度Agent 收到突发灾害信息后与运输 Agent 连接，收集调度系统实时交通数据；与此同时，基于应急物资储存 Agent 和应急物资需求 Agent 供求数据计算筛选出最优的调运策略。

第三节　应急物资 Multi-Agent 动态调度建模

一、Multi-Agent 属性

（1）应急物资需求 Agent。当突发灾害发生时，物资需求 Agent 收到救援信息，其首先要确认各个受灾地点所需要的应急物资种类、物资数量等数据信息，其次将物资需求集成传送至调度 Agent。假设灾害发生后有 m 个应急物资需求点 A_i，$i=1，2，\cdots，m$；物资需求数量为 x_i，$i=1，2，\cdots，m$；应急物资需求点权重分别为 ω_i，$i=1，2，\cdots，m$。与此同时，随着突发灾害的持续，应急物资需求 Agent 不断更新数据信息反馈给调度 Agent。

（2）应急物资供给 Agent。应急物资供给 Agent 从调度 Agent 处获取救灾信息，其先将各物资供给点的应急物资储备数量集成至调度 Agent，根据调度 Agent 确定应急物资调运方案并确认求援运输路径，按照要求调运应急物资种类数量实施救援。应急物资存储 Agent 根据调运方案，其需要实时将各储存地点的应急物资种类数量反馈至调度 Agent，如果存储点物资种类数量不足或受灾害影响造成损失而无法完成应急物资救援保障任务，调度 Agent 能够及时更新数据信息并调整救援调运方案。假设有 n 个应急物资供给点 B^j，其中 $j=1，2，\cdots，n$；物资储存数量为 y_j，其中 $j=1，2，\cdots，n$；救援期间供给点 B^j 执行救援巡视任务的动态资源供给点 C_q^j 数量为 z_j，其中 $j=1，2，\cdots，n$；供给点 B^j 资源总量为 $h_j = \sum_{j=1}^{n} h_{jq}$。由此，突发灾害期间执行应急救援动态资源总数量为 $\sum_{j=1}^{n} z_j$，动态供给资源总量为 $h_q = \sum_{j=1}^{n} h_j = \sum_{j=1}^{n} \sum_{i=1}^{z_j} h_{iq}$。

（3）运输 Agent。运输 Agent 是应急物资调运方案制定的基础，也是应急物资救援系统的重要数据来源，其主要作用是收集应急物资调运范围内静态应急物资供给点和动态应急物资供给点的物资供给、需求及交通状况等，Agent 需要分析物资供需节点最短路径，并将动态数据集成上报至调度 Agent。假设所制定的应急物资调度方案为：静态应急物资供给点 B_k^j（$B_k^j \in B^j$）供给数量 y_{jk}^i 的应急物资最短路径为 $P_{B_k^j A_i}$；动态应急物资供给点

C_e^j（$C_e^j \in C_q^j$）供给数量 z_{je}^i 的应急物资最短路径为 $P_{C_e^j A_i}$。采用弗洛伊德算法求解多目标加权图中的多源节点间最优方案，得出应急物资供需最短路径矩阵 P：

$$P = \begin{bmatrix} P_{B_j^1 A_1} & \cdots & P_{B_j^1 A_j} & \cdots & P_{B_j^1 A_m} \\ \vdots & \cdots & \vdots & \cdots & \vdots \\ P_{B_j^n A_1} & \cdots & P_{B_j^n A_j} & \cdots & P_{B_j^n A_m} \\ P_{C_1^1 A_1} & \cdots & P_{C_1^1 A_j} & \cdots & P_{C_1^1 A_m} \\ \vdots & \cdots & \vdots & \cdots & \vdots \\ P_{C_z^n A_1} & \cdots & P_{C_z^n A_j} & \cdots & P_{C_z^n A_m} \end{bmatrix}_{\left(n+\sum\limits_{j=1}^{n} z_j\right) \times m} \tag{6-1}$$

假设救援过程中，应急调运车辆以一定速度行驶，则应急物资供需点时效矩阵 η 为最短路径矩阵 P 与调运车辆行驶速度的比值，应急物资供需动态调度时效矩阵 η：

$$\eta = \begin{bmatrix} \eta_{B_j^1 A_1} & \cdots & \eta_{B_j^1 A_j} & \cdots & \eta_{B_j^1 A_m} \\ \vdots & \cdots & \vdots & \cdots & \vdots \\ \eta_{B_j^n A_1} & \cdots & \eta_{B_j^n A_j} & \cdots & \eta_{B_j^n A_m} \\ \eta_{C_1^1 A_1} & \cdots & \eta_{C_1^1 A_j} & \cdots & \eta_{C_1^1 A_m} \\ \vdots & \cdots & \vdots & \cdots & \vdots \\ \eta_{C_z^n A_1} & \cdots & \eta_{C_z^n A_j} & \cdots & \eta_{C_z^n A_m} \end{bmatrix}_{\left(n+\sum\limits_{j=1}^{n} z_j\right) \times m} \tag{6-2}$$

在灾害发生后，每个应急物资需求点都希望得到及时救援，应急物资越快到达灾害地点，则救援效果越好。但考虑外部环境、交通状况、位置分布等不确定性因素的影响，应急救援不可能马上到达受灾地点，需要根据实时情况预留出适宜的时间，即灾害应急有效时效 η_{A_i}。对比动态调度时效矩阵 η 与有效时效 η_{A_i}，根据变量取值规则，得到应急物资供需动态调度备选矩阵 μ：

$$\mu_{B_k^j A_i} = \begin{cases} 0, & \eta_{B_k^j A_i} \geq \eta_{A_i}, \quad B_k^j \text{ 非 } A_i \text{ 的备选地点} \\ 1, & \eta_{B_k^j A_i} < \eta_{A_i}, \quad B_k^j \text{ 为 } A_i \text{ 的备选地点} \end{cases}$$

$$\mu_{B_k^j A_i} = \begin{cases} 0, & \eta_{C_e^j A_i} \geq \eta_{A_i}, \quad C_e^j \text{ 非 } A_i \text{ 的备选地点} \\ 1, & \eta_{C_e^j A_i} < \eta_{A_i}, \quad C_e^j \text{ 为 } A_i \text{ 的备选地点} \end{cases}$$

$$\mu = \begin{bmatrix} \mu_{B_j^1 A_1} & \cdots & \mu_{B_j^1 A_j} & \cdots & \mu_{B_j^1 A_m} \\ \vdots & \cdots & \vdots & \cdots & \vdots \\ \mu_{B_j^n A_1} & \cdots & \mu_{B_j^n A_j} & \cdots & \mu_{B_j^n A_m} \\ \mu_{C_1^1 A_1} & \cdots & \mu_{C_1^1 A_j} & \cdots & \mu_{C_1^1 A_m} \\ \vdots & \cdots & \vdots & \cdots & \vdots \\ \mu_{C_z^n A_1} & \cdots & \mu_{C_z^n A_j} & \cdots & \mu_{C_z^n A_m} \end{bmatrix}_{\left(n + \sum_{j=1}^{n} z_j\right) \times m} \tag{6-3}$$

（4）调度 Agent。当突发灾害发生时，每个灾害救援地点的应急物资是由哪些应急存储点进行调运？应急物资应通过哪些运输线路转运至救援地点？以上问题均为应急物资实时调运决策模型需要解决的问题。在应急物资需求 Agent 确认自身物资需求数量后，决策模型是能够从动态更新的运输网络中筛选出最短的时间路径将灾害救援所需应急物资从储备地点运输至需求地点。首先，调度 Agent 作为突发灾害应急物资调度中心，其能够集成系统的所有数据，根据突发灾害应急物资备选矩阵 μ 选出可供应急物资需求点选择的供给点，同时由应急等级高低进行资源分配得到应急物资调运分配矩阵 ρ。其次，不同 ρ 对应不同的调运方案，进而产生不同的应急调运效果、资源利用效率等。调度 Agent 作为应急物资决策优化中心，通过对调度系统 Multi-Agent 的物资需求存储及运输反馈信息，进行全局规划实现整体目标优化，制定出应急救援的动态调运优化方案。结合应急网络动静态资源数量可得应急物资调运供给与需求分布，见表6-1。

表 6-1　应急物资动态调运供给与需求分布

节点类型		应急物资供给 Agent		
		需求点		
供给点	资源数量	A^1	...	A^i
		x_1	...	x_i
B^1	$y_1 - h_{1q}$			
...	...			
B^j	$y_n - h_{nq}$	ρ		
C_1^1	h_{11}			
...	...			
C_q^j	h_{nz_n}			

（左侧纵向标题：应急物资需求 Agent）

构建应急物资动态调运时间成本目标函数模型：

$$W = \sum_{j=1}^{n} h_{jk} \times P_{B_j^k A_i} \times \mu_{B_j^k A_i} + \sum_{j=1}^{n} \sum_{e=1}^{z_j} h_{ie} \times P_{C_j^i A_i} \times \mu_{C_j^i A_i} \qquad (6\text{-}4)$$

应急救援物资实时调运决策优化目标是在突发灾害地应急救援得到保障的前提下使调运时间最小化，因此调运目标函数为灾害应急所需的救援物资从储存地点运输至需求地点所花费的总时间最短。建立应急物资调运时间成本目标优化函数：

$$\min W = \min \left(\sum_{j=1}^{n} h_{jk} \times P_{B_j^k A_i} \times \mu_{B_j^k A_i} + \sum_{j=1}^{n} \sum_{e=1}^{z_j} h_{ie} \times P_{C_j^i A_i} \times \mu_{C_j^i A_i} \right) \quad (6\text{-}5)$$

目标优化函数约束条件如下：

$$\max\left[P_{B_j^k A_i}/v, \ P_{C_j^i A_i}/v \right] \leqslant \eta_{A_i} \qquad (6\text{-}6)$$

$$\sum_{j=1}^{n} h_{jk} \times \mu_{B_j^k A_i} + \sum_{j=1}^{n} \sum_{e=1}^{z_j} h_{ie} \times \mu_{C_j^i A_i} = x_i \qquad (6\text{-}7)$$

$$\sum_{e=1}^{z_j} h_{ie} \times \mu_{C_j^i A_i} \leqslant h_{je} \qquad (6\text{-}8)$$

$$\sum_{j=1}^{m} h_{je} \times \mu_{C_j^i A_i} \leqslant h_{jq} \qquad (6\text{-}9)$$

$$\sum_{j=1}^{n} h_{jk} \times \mu_{B_j^k A_i} \leqslant y_j - h_{jq} \qquad (6\text{-}10)$$

其中，式（6-6）是关于各应急物资动静态资源点时效性的约束条件；式（6-7）至式（6-10）是关于应急物资数量配置与满足应急物资调运数量的约束条件，调度 Agent 采用上述目标优化函数可得出应急物资动态调度优化方案。

二、动态调度决策流程分析

突发灾害应急物资动态调度是从 $\left(n + \sum_{j=1}^{n} z_j\right)$ 个应急物资点选择合适的资源供给点、供给数量及最短路径等调运方案至 m 个应急物资需求点实施救援。应急资源供需调度方案制定流程见图 6-1。其中，$\eta_{B_k^j A_i}$、$\eta_{C_e^j A_i}$ 分

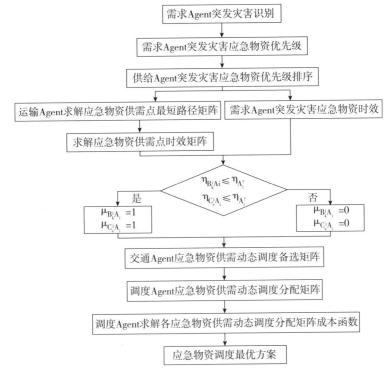

图 6-1 应急物资 Multi-Agent 动态调度决策流程

别表示静态应急物资供给点 $B_k^j (B_k^j \in B^j)$ 和动态应急物资供给点 $C_e^j (C_e^j \in C_q^j)$ 到应急物资需求地点 A_i 的时间；η_{A_i} 表示应急物资需求点 A_i 对应时效；$\mu_{B_k^j A_i}$、$\mu_{C_e^j A_i}$ 分别表示静态应急物资供给点 $B_k^j (B_k^j \in B^j)$ 和动态应急物资供给点 $C_e^j (C_e^j \in C_q^j)$ 能否作为应急物资需求地点 A_i 的物资备选地点；当 $\mu_{B_k^j A_i}$、$\mu_{C_e^j A_i}$ 取值为 1 时，则对应供给点能够作为应急需求备选点，当 $\mu_{B_k^j A_i}$、$\mu_{C_e^j A_i}$ 取值为 0 时，对应供给点不能够作为应急需求备选点。

第四节　算例仿真

假设突发灾害范围内共有 5 个应急资源储存点 n_1、n_2、n_3、n_4、n_5，互通道路节点有 4 个，分别为 v_1、v_2、v_3、v_4，连接互通节点的边共 19 条，该范围的道路运输网络见图 6-2。设灾害发生后各个存储点以相同频率 $f = 1/h$、车辆速度 $v = 40km/h$、发车物资数量 1 单位/次进行运输。各存储点应急物资需求等级排序为 m_2、m_3、m_1、m_5、m_4。

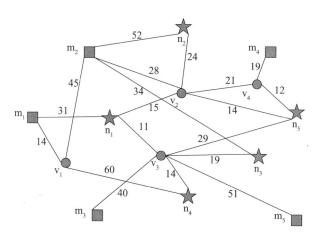

图 6-2　初始应急道路运输网络

当灾害事故发生后，可以救援的应急物资包括各储备点内的资源和参与应急救援任务的在途车辆资源等应急物资供给点。假设救援车辆6：00在应急储备点出发，沿前期规划最短路径从储备点开始进行灾区巡视管理工作，当7：00受灾地点出现应急物资需求地点时，所有区域的动态应急物资点共5处，各处资源数量分别为1单位，静态应急物资点共5处，各处资源数量分别为18单位、14单位、12单位、20单位、19单位，此时应急物资动态协同供需网络见图6-3。

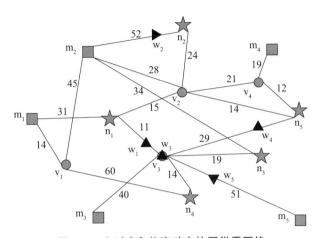

图6-3　实时应急物资动态协同供需网络

各个应急物资需求点 m_1、m_2、m_3、m_4、m_5 的应急救援时效分别为34min、52min、34min、54min、60min。此时，各个应急物资供需资源分布及时效情况见表6-2。

由灾害应急救援实时调运决策优化目标函数可见，为了求出最优的实时动态方案，首先，必须得到从各应急物资储备点到各救援需求地点的最短时间。其次，按照整体最优原则确定出应急物资调运路线。由于应急物资存储点和应急需求均是多主体构成，属于多源时间最短路径问题，求解多源时间最短路径目标函数可以采用弗洛伊德算法，弗洛伊德方法是用于求解多目标加权图中多源节点间最优方案的有效算法。

表 6-2　应急资源供需分布及时效情况

	编号	n_1	n_2	n_3	n_4	n_5
物资供给 Agent	数量/单位	18	14	12	20	19
	编号	w_1	w_2	w_3	w_4	w_5
	数量/单位	1	1	1	1	1
物资需求 Agent	编号	m_1	m_2	m_3	m_4	m_5
	数量/单位	1	1	1	1	2
应急时效	编号	m_1	m_2	m_3	m_4	m_5
	时间/min	34	52	44	54	60

假设 G 为一个无向加权网络图，表示应急物资存储点和突发灾害救援位置及运输网络，从供给节点到需求节点必须是最短时间路径，弗洛伊德方法具体步骤为：

第一步：将距离矩阵 D 进行初始化，供给节点到需求节点的距离表示为矩阵内部权重，若供需节点不直接连接，则 $D(n,m) = \infty$；否则，将路径矩阵 P 进行初始化，$P(n,m) = r$ 表示从供给节点 n 到需求节点 m 经过了 $P(n,m)$ 记录值所代表的路径。

第二步：当 $D(n,m) > D(n,v) + D(v,m)$ 时，需要更新矩阵权重使 $D(n,m) = D(n,v) + D(v,m)$，同时需要更新路径矩阵 $P(n,m) = P(n,m-1)$；否则不予更新。

第三步：当至终点时算法结束，否则继续第二步骤。

运用 MATLAB 软件计算供需各点之间的最短路径，得到最短路径矩阵见表 6-3。

按照式（6-3）比较可知，应急物资供需动态协同调度备选矩阵见表 6-4。

表6-3　应急物资供需最短路径矩阵

编号		应急物资需求 Agent				
		m_1	m_2	m_3	m_4	m_5
应急物资供给 Agent	n_1	31	70	61	56	60
	n_2	43	52	34	68	42
	n_3	51	90	59	54	69
	n_4	55	64	79	74	31
	n_5	62	101	70	69	80
	w_1	9	48	21	23	31
	w_2	51	12	74	76	50
	w_3	11	50	19	14	29
	w_4	31	66	39	34	9
	w_5	22	61	30	29	40

表6-4　应急物资供需动态协同调度备选矩阵

编号		应急物资需求 Agent				
		m_1	m_2	m_3	m_4	m_5
应急物资供给 Agent	n_1	1	0	0	0	0
	n_2	0	1	0	0	0
	n_3	0	0	0	1	0
	n_4	0	0	0	0	1
	n_5	0	0	0	0	0
	w_1	1	0	1	1	1
	w_2	0	1	0	0	0
	w_3	1	1	1	1	1
	w_4	0	0	0	0	1
	w_5	1	0	1	1	1

以式（6-5）最小化应急物资调运成本为优化目标，以满足式（6-6）至式（6-10）应急需求和应急时效为约束，通过 MATLAB 优化求解得出最佳应急物资供需动态调度方案，见表6-5。

表 6-5 应急物资供需动态调度最优方案

编号		应急物资需求 Agent				
		m_1	m_2	m_3	m_4	m_5
应急物资供给 Agent	n_1	0	0	0	0	0
	n_2	0	0	0	0	0
	n_3	0	0	0	0	0
	n_4	0	0	0	0	1
	n_5	0	0	0	0	0
	w_1	1	0	0	0	0
	w_2	0	1	0	0	0
	w_3	0	0	0	1	0
	w_4	0	0	0	0	1
	w_5	0	0	1	0	0

由表 6-5 可知突发灾害应急物资动态协同调度最优方案为:

应急物资需求点 m_1 应急调度方案:供给点 w_1 向需求点 m_1 进行调运,资源调运数量为 1 单位,调运最短路径为供给点 w_1→需求点 m_1,最短路径长度为 9km。应急物资需求点 m_2 应急调度方案:供给点 w_2 向需求点 m_2 进行调运,资源调运数量为 1 单位,调运最短路径为供给点 w_2→需求点 m_2,最短路径长度为 12km。应急物资需求点 m_3 应急调度方案:供给点 w_5 向需求点 m_3 进行调运,资源调运数量为 1 单位,调运最短路径为供给点 w_5→v_3→需求点 m_3,最短路径长度为 30km。应急物资需求点 m_4 应急调度方案:供给点 w_3 向需求点 m_4 进行调运,资源调运数量为 1 单位,调运最短路径为供给点 w_3→需求点 m_4,最短路径长度为 14km。应急物资需求点 m_5 应急调度方案:供给点 n_4、w_4 分别向需求点 m_5 进行调运,资源调运数量各为 1 单位,调运最短路径分别为供给点 n_4→v_5→需求点 m_5 和供给点 w_4→需求点 m_5,最短路径长度分别为 31km 和 9km。

本章通过分析突发灾害发生后的应急物资动态调运 Agent 流程,构建了交通 Agent 环境下应急物资供需最短路径矩阵、应急时效矩阵及调运备选矩阵，提出基于动静态资源协同共享的应急物资动态调度决策方法。根据突发灾害应急物资供给点和需求点的位置分布，以应急资源动态调度成本最小为优化目标，进行应急物资动态调度分配，进而得出最佳应急物资调度决策方案。本章以某应急物资调度网络为例，通过设计算法求解调度决策模型，得到各应急方案的供给点和最短路径，验证了构建模型的有效性与实用性。

第五节　本章小结

本章针对突发事件下需求端应急物资调运决策问题，通过分析应急物资调运的基本流程、管理方法及存在问题，综合考虑应急物资调运系统动静态资源、灾害分布及优先等级等因素，借鉴动态调配 Multi-Agent 方法刻画各应急救援保障部门间的协同作用，对应急物资调运系统的供需路径与救援时效进行分析，构建应急物资调运系统高效的、及时的、低成本的动态调度模型，基于多源时间最短路径问题及弗洛伊德算法对模型进行求解，得出应急物资最优路径及参与调配的储存点组合。

全过程视域下物流服务供应链风险的弹性协调机制研究

本章主要内容：①针对风险社会视角下预设物流服务供应链突发事件存在，提出背景与问题；②建立与求解物流服务供应链模型；③分析各博弈主体策略的稳定性；④提出算例分析与管理对策；⑤本章小结。

第一节　问题提出

产品供应链主要由供应商、制造商及需求商组成，包括原材料上游供应商到制造商再到顾客的组织过程。物流服务供应链嵌入产品供应链是为生产制造提供物流的网络组织，确保传统供应链产品生产制造顺利实施。然而，随着市场竞争的加剧、商业模式的转变及顾客个性化需求的凸显，突发事件必然干扰物流计划实施，盛行的零库存管理策略使物流服务在短时间内难以实现有效供给导致失去客户需求与市场份额。因此，如何在急剧动荡的环境中比竞争对手更快地制定策略并调配资源成为企业获取持续竞争优势的关键。弹性是受到冲击后的运营系统快速恢复到正常运作状态的能力，其思想是客观上考虑供应链脆弱性后将弹性能力根植于供应链系统，并平衡运作成本与风险事件损失，达到以不变应万变的目的。镶嵌弹性机制的供应链强调比竞争对手做更充分的准备、更灵活的反应及更快速的恢复能力，充分体现出弹性机制的优越性，供应链弹性为应对突发事件风险问题提供了新思路，弹性供应链成为继"柔性供应链""鲁棒供应链"之后学术界研究产品供应链的新热点。疫情初期，物流是保障经济社会运转的重要基础，但疫情的冲击对供应链运营的正常开展形成了压力。2020 年 1 月 29 日，敦豪（DHL）公司的特别报告指出，武汉长江沿岸受疫情影响对产品供应链运营和物资供应产生巨大影响。中央各部门及各地政府纷纷出台了相关政策，加大对供应链安全的扶持力度。因此，面对供应链运营过程中的突发事件，从嵌入性视角构建政府参与的物流服务供应链弹性系统，这对提高其安全运营无疑具有重要的价值。

假设政府参与下，制造商与集成商均为有限理性博弈主体，三方主体在不对称信息条件下具有各自博弈策略。本章主要探索以下问题：①嵌入视角下，政府、制造商及集成商间三方参与主体的演化博弈是否存在稳定策略？②政府、制造商、集成商演化主体均衡收敛与各自群体选择初始策略存在关系如何？初始选择怎样影响策略稳定性？③通过调整政府对集成商补贴系数和惩罚额度能否实现弹性供应链持续发展？基于此，本部分在风险社会视角下预设突发事件存在，并将"弹性能力"嵌入物流服务供应链，通过建立政府、制造商及集成商间三方演化博弈模型找出系统稳定策略，为实现现代供应链治理能力提供科学依据。

第二节　模型建立与求解

一、模型假设

为实现演化博弈模型的有效研究，在描述政府参与、制造商支持及集成商运营的三方演化博弈过程中对模型进行必要假设，主要如下：

假设1：参与主体。假设博弈模型存在三个主体，即政府，对制造商支持弹性供应链及集成商实施弹性物流情况检查监督，同时制定对应政策；制造商，采用弹性供应链，为集成商提供支持；集成商，接受政府与制造商共同监督，是弹性物流服务供应链的实施者。

假设2："经济人"假设。三方主体参与目的均为实现各自利益最大化，政府作为突发事件应对策略的推动者，其目标是实现社会效益最优，利润最大化则是制造商和集成商追求的主要目标。

假设3：有限理性假设。考虑参与主体有限理性更加符合现实情况，因此摒弃一般博弈而选择演化博弈作为研究工具。

假设4：策略。政府有"监管"和"不监管"两种策略，制造商对弹性供应链也有两种策略选择，即"采用"与"不采用"，集成商对物流服务供应链弹性运营同样有"实施"与"不实施"两种策略。

二、参数设置

根据模型假设，考虑政府、制造商及集成商在选取自身策略时关注的关键因素，对模型参数进行设置，各符号约定与含义具体如下：

（1）D 为制造商采用弹性供应链的生产规模，单位：元；

（2）α 为政府集合中对弹性供应链系统实施监管策略的比例；

（3）β 为制造商集合中采用弹性供应链的比例；

（4）γ 为集成商集合中实施弹性物流服务供应链的比例；

（5）φ_1 为政府对制造商未采用弹性供应链的惩罚系数；

（6）s 为政府对集成商未实施弹性物流服务供应链的惩罚成本，单位：元；

（7）c_1 为政府对制造商采用弹性供应链监管的成本，单位：元；

（8）c_2 为政府对集成商实施弹性物流服务供应链监管的成本，单位：元；

（9）c_3 为制造商对集成商实施弹性物流服务供应链的监察成本，单位：元；

（10）c_4 为集成商实施弹性物流服务供应链的成本，单位：元；

（11）c_5 为集成商不实施弹性物流服务供应链的机会成本，单位：元；

（12）g_1 为弹性供应链时，集成商实施弹性物流服务供应链时的政府社会效益，单位：元；

（13）g_2 为非弹性供应链时，集成商实施弹性物流服务供应链时的政府社会效益，单位：元；

（14）g_3 为弹性供应链时，集成商不实施弹性物流服务供应链时的政府社会效益，单位：元；

（15）g_4 为非弹性供应链时，集成商不实施弹性物流服务供应链时的政府社会效益，单位：元；

（16）μ_1 为政府对制造商采用弹性供应链的补贴系数；

（17）μ_2 为政府对集成商实施弹性物流服务供应链的补贴系数；

（18）m_1 为制造商采取弹性供应链策略时所得收益，单位：元；

（19）m_2 为制造商不采取弹性供应链策略时所得收益，单位：元；

（20）l_1 为弹性供应链时，集成商实施弹性物流服务供应链时的所得收益，单位：元；

（21）l_2 为非弹性供应链时，集成商实施弹性物流服务供应链时的所得收益，单位：元；

（22）l_3 为弹性供应链时，集成商不实施弹性物流服务供应链时的所得收益，单位：元；

（23）l_4 为非弹性供应链时，集成商不实施弹性物流服务供应链时的所得收益，单位：元。

突发事件下，弹性供应链有效实施是政府、制造商与集成商各方动态博弈的结果，在模型假设基础上将政府监管与不监管、制造商采用与不采用、集成商实施与不实施的策略空间进行组合，见表7-1。以（x_1，y_1，z_1）为例，即政府选择监管策略，制造商选择采用弹性供应链，集成商选择实施弹性物流服务供应链时，政府收益为弹性供应链下集成商实施弹性物流服务供应链时的政府所得社会效益 g_1，减掉政府对制造商和集成商的监管成本 c_1 和 c_2，减掉政府对制造商和集成商的补贴 $\mu_1 D$ 和 $\mu_2 c_4$，因此政府收益为（$g_1-c_1-c_2-\mu_1 D-\mu_2 c_4$）；制造商收益为弹性供应链下集成商实施弹性物流服务供应链时的制造商所得收益 m_1，减掉制造商对集成商实施弹性物流服务供应链的监察成本 c_3，加上政府对制造商的补贴 $\mu_1 D$，因此制造商收益为（$m_1-c_3+\mu_1 D$）；集成商收益为弹性供应链下集成商实施弹性物流服务供应链时的所得收益 l_1，减去集成商实施弹性物流服务供应链成本 c_4，加上政府对制造商补贴 $\mu_2 c_4$，因此集成商收益为（$l_1-c_4+\mu_1 c_4$）。同理求解政府、制造商与集成商各方博弈收益值，结果见表7-2。

表 7-1 政府、制造商与集成商收益组合矩阵

集成商	政府监管（α）		政府不监管（1-α）	
	制造商采用 （β）	制造商不采用 （1-β）	制造商采用 （β）	制造商不采用 （1-β）
实施（γ）	(x_1, y_1, z_1)	(x_2, y_2, z_2)	(x_3, y_3, z_3)	(x_4, y_4, z_4)
不实施（1-γ）	(x'_1, y'_1, z'_1)	(x'_2, y'_2, z'_2)	(x'_3, y'_3, z'_3)	(x'_4, y'_4, z'_4)

表 7-2 政府、制造商与集成商收益组合策略空间表达式

策略空间	政府（x）	制造商（y）	集成商（z）
(x_1, y_1, z_1)	$g_1-c_1-c_2-\mu_1 D-\mu_2 c_4$	$m_1-c_3+\mu_1 D$	$l_1-c_4+\mu_2 c_4$
(x_2, y_2, z_2)	$g_2-c_1-c_2+\varphi_1 D-\mu_2 c_4$	$2m_2-m_1-\varphi_1 D$	$l_2-c_4+\mu_2 c_4$
(x_3, y_3, z_3)	g_1	m_1-c_3	l_1-c_4
(x_4, y_4, z_4)	g_2	$2m_2-m_1$	l_2-c_4
(x'_1, y'_1, z'_1)	$g_3-c_1-c_2-\mu_1 D+s$	$m_1-c_3+\mu_1 D$	l_3-c_5-s
(x'_2, y'_2, z'_2)	$g_4-c_1-c_2+\varphi_1 D+s$	$2m_2-m_3-\varphi_1 D$	l_4-c_5-s
(x'_3, y'_3, z'_3)	g_3	m_1-c_3	l_3-c_5
(x'_4, y'_4, z'_4)	g_4	$2m_2-m_1$	l_4-c_5

第三节 各博弈主体策略稳定性分析

演化博弈理论通过复制动态分析对有限理性参与主体展开均衡探讨，有助于得出综合结论，能够摒弃一般博弈论完全理性假设的缺陷。

一、政府策略稳定性分析

假设政府监管的期望收益为 E_{G1}，选择不监管的期望收益为 E_{G2}，政

府平均期望收益为 E_G，可得：

$$E_{G1} = \beta\gamma(g_1-c_1-c_2-\mu_1D-\mu_2c_4)+(1-\beta)\gamma(g_2-c_1-c_2+\varphi_1D-\mu_2c_4)+$$
$$\beta(1-\gamma)(g_3-c_1-c_2-\mu_1D+s)+(1-\beta)(1-\gamma)$$
$$(g_4-c_1-c_2+\varphi_1D+s) \tag{7-1}$$

$$E_{G2} = \beta\gamma g_1+(1-\beta)\gamma g_2+\beta(1-\gamma)g_3+(1-\beta)(1-\gamma)g_4 \tag{7-2}$$

$$E_G = \alpha E_{G1}+(1-\alpha)E_{G2}=\alpha[\beta\gamma(g_1-c_1-c_2-\mu_1D-\mu_2c_4)+(1-\beta)$$
$$\gamma(g_2-c_1-c_2+\varphi_1D-\mu_2c_4)+\beta(1-\gamma)(g_3-c_1-c_2-\mu_1D+s)+$$
$$(1-\beta)(1-\gamma)(g_4-c_1-c_2+\varphi_1D+s)]+(1-\alpha)$$
$$[\beta\gamma g_1+(1-\beta)\gamma g_2+\beta(1-\gamma)g_3+(1-\beta)(1-\gamma)g_4] \tag{7-3}$$

政府策略复制动态方程与一阶导数分别如下：

$$F(\alpha)=\frac{d\alpha}{dt}=\alpha(E_{G1}-E_G)$$
$$=\alpha(1-\alpha)[(1-\beta)\varphi_1D+(1-\gamma)s-\beta\mu_1D-\gamma\mu_2c_4-c_1-c_2] \tag{7-4}$$

当 $(1-\beta)\varphi_1D+(1-\gamma)s-\beta\mu_1D-\gamma\mu_2c_4-c_1-c_2=0$ 时，则政府所有演化选择均为稳定策略，此时阈值 $\gamma'=[(1-\beta)\varphi_1D+s-\beta\mu_1D-c_1-c_2]/(\mu_2c_4+s)$；当 $(1-\beta)\varphi_1D+(1-\gamma)s-\beta\mu_1D-\gamma\mu_2c_4-c_1-c_2\neq0$ 时，即阈值 $\gamma'\neq[(1-\beta)\varphi_1D+s-\beta\mu_1D-c_1-c_2]/(\mu_2c_4+s)$，则 $\alpha=0$、$\alpha=1$ 是政府演化策略的两个稳定点。对 $F(\alpha)$ 求一阶导数得：

$$\frac{dF(\alpha)}{d\alpha}=(1-2\alpha)[(1-\beta)\varphi_1D+(1-\gamma)s-\beta\mu_1D-\gamma\mu_2c_4-c_1-c_2] \tag{7-5}$$

演化博弈稳定条件 $dF(\alpha)/d\alpha<0$，就 $[(1-\beta)\varphi_1D+(1-\gamma)s-\beta\mu_1D-\gamma\mu_2c_4-c_1-c_2]$ 不同取值展开分析：

（1）若 $\varphi_1D+s-c_1-c_2<0$，由于 $0\leqslant\alpha\leqslant1$、$0\leqslant\beta\leqslant1$、$0\leqslant\gamma\leqslant1$，所以 $(1-\beta)\varphi_1D+(1-\gamma)s-\beta\mu_1D-\gamma\mu_2c_4-c_1-c_2<0$。当 $\alpha=1$ 时，$dF(\alpha)/d\alpha>0$，当 $\alpha=0$ 时，$dF(\alpha)/d\alpha<0$，因此 $\alpha=0$ 是演化稳定策略。

（2）若 $\varphi_1D+s-c_1-c_2>0$，当 $\gamma<[(1-\beta)\varphi_1D+s-\beta\mu_1D-c_1-c_2]/(\mu_2c_4+$

s)，$\alpha=0$ 时，则 $dF(\alpha)/d\alpha>0$；$\alpha=1$ 时，则 $dF(\alpha)/d\alpha<0$，因此 $\alpha=1$ 是演化稳定策略。当 $\gamma>[(1-\beta)\varphi_1 D+s-\beta\mu_1 D-c_1-c_2]/(\mu_2 c_4+s)$，$\alpha=0$ 时，则 $dF(\alpha)/d\alpha<0$；$\alpha=1$ 时，则 $dF(\alpha)/d\alpha>0$，因此 $\alpha=0$ 是演化稳定策略。

综上所述，政府策略选择相位图见图 7-1。

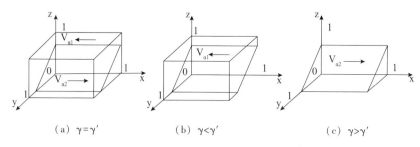

图 7-1　政府策略选择相位图

由图 7-1 可知，当政府初始策略选择处于空间 $V_{\alpha 1}$ 时，此时 $\varphi_1 D+s-c_1-c_2<0$，则 $\varphi_1 D+s<c_1+c_2$，即政府对制造商和集成商的惩罚收益小于对两者的监管成本，$\alpha=0$ 是演化稳定策略。因此，当政府所得惩罚收益小于监管成本时，政府将选择"不监管"策略。当政府初始策略选择处于空间 $V_{\alpha 2}$ 时，此时 $\varphi_1 D+s-c_1-c_2>0$，则 $\varphi_1 D+s>c_1+c_2$，即政府对制造商和集成商的惩罚收益大于对两者的监管成本，$\alpha=1$ 是演化稳定策略。因此，当政府所得惩罚收益大于监管成本时，政府将选择"监管"策略。根据阈值 $\gamma'=[(1-\beta)\varphi_1 D+s-\beta\mu_1 D-c_1-c_2]/(\mu_2 c_4+s)$ 可知，若政府补贴参数 μ_1、μ_2 上升，则阈值 γ' 将下降，横截面下移导致空间 $V_{\alpha 1}$ 增加，即政府对制造商、集成商补贴系数越大，政府越"不监管"的策略空间范围扩大，此时制造商将更趋于选择实施弹性供应链方案，集成商则趋于实施弹性物流服务供应链策略，因此政府选择"不监管"策略。反之，若政府监管成本 c_1、c_2 上升，则阈值 γ' 驱动横截面下移，空间 $V_{\alpha 2}$ 减少，即政府对制造商、集成商的监管成本越高，政府越"不监管"的策略空间越大，即监管成本对政府形成了成本压力，促使其选择"不监管"策略。

二、制造商策略稳定性分析

假设制造商选择采用策略的期望收益为 E_{M1}，选择不采用策略的期望收益为 E_{M2}，政府平均期望收益为 E_M，可得：

$$E_{M1} = \alpha\gamma(m_1 - c_3 + \mu_1 D) + \alpha(1-\gamma)(m_1 - c_3 + \mu_1 D) +$$
$$(1-\alpha)\gamma(m_1 - c_3) + (1-\alpha)(1-\gamma)(m_1 - c_3) \tag{7-6}$$

$$E_{M2} = \alpha\gamma(2m_2 - m_1 - \varphi_1 D) + \alpha(1-\gamma)(2m_2 - m_1 - \varphi_1 D) +$$
$$(1-\alpha)\gamma(2m_2 - m_1) + (1-\alpha)(1-\gamma)(2m_2 - m_1) \tag{7-7}$$

$$E_M = \beta E_{M1} + (1-\beta)E_{M2}$$
$$= \beta\left[\alpha\gamma(m_1 - c_3 + \mu_1 D) + \alpha(1-\gamma)(m_1 - c_3 + \mu_1 D) + (1-\alpha)\gamma(m_1 - c_3) + (1-\alpha)(1-\gamma)(m_1 - c_3)\right] + (1-\beta)\left[\alpha\gamma(2m_2 - m_1 - \varphi_1 D) + \alpha(1-\gamma)(2m_2 - m_1 - \varphi_1 D) + (1-\alpha)\gamma(2m_2 - m_1) + (1-\alpha)(1-\gamma)(2m_2 - m_1)\right]$$
$$\tag{7-8}$$

制造商策略复制动态方程与一阶导数分别如下：

$$F(\beta) = \frac{d\beta}{dt} = \beta(E_{M1} - E_M)$$
$$= \beta(1-\beta)\left[\alpha(\mu_1 D + \varphi_1 D) + 2m_1 - 2m_2 - c_3\right] \tag{7-9}$$

当 $\alpha(\mu_1 D + \varphi_1 D) + 2m_1 - 2m_2 - c_3 = 0$ 时，制造商所有演化选择均为稳定策略，此时阈值 $\alpha' = (2m_2 - 2m_1 + c_3)/(\mu_1 D + \varphi_1 D)$；当 $\alpha(\mu_1 D + \varphi_1 D) + 2m_1 - 2m_2 - c_3 \neq 0$ 时，阈值 $\alpha' \neq (2m_2 - 2m_1 + c_3)/(\mu_1 D + \varphi_1 D)$，则 $\beta = 0$、$\beta = 1$ 是政府演化策略的稳定点。对 $F(\beta)$ 求一阶导数：

$$F'(\beta) = \frac{dF(\beta)}{d\beta} = (1-2\beta)\left[\alpha(\mu_1 D + \varphi_1 D) + 2m_1 - 2m_2 - c_3\right] \tag{7-10}$$

演化博弈稳定条件 $F'(\beta) < 0$，就 $(2m_2 + c_3 - 2m_1)$ 不同取值展开分析：

（1）当 $2m_2 + c_3 - 2m_1 > \mu_1 D + \varphi_1 D$ 时，由 $0 \leqslant \alpha \leqslant 1$、$0 \leqslant \beta \leqslant 1$、$0 \leqslant \gamma \leqslant 1$，

恒有 $\alpha' > \alpha$。当 $\beta = 1$ 时，则 $dF(\beta)/d\beta > 0$；当 $\beta = 0$ 时，则 $dF(\beta)/d\beta < 0$，因此 $\beta = 0$ 是演化稳定策略。

（2）当 $2m_2 + c_3 - 2m_1 < \mu_1 D + \varphi_1 D$ 时，若 $\alpha > \alpha'$，当 $\beta = 1$ 时，则 $dF(\beta)/d\beta < 0$；当 $\beta = 0$ 时，则 $dF(\beta)/d\beta > 0$，因此 $\beta = 1$ 是演化稳定策略。若 $\alpha < \alpha'$，当 $\beta = 1$ 时，则 $dF(\beta)/d\beta > 0$；当 $\beta = 0$ 时，则 $dF(\beta)/d\beta < 0$，因此 $\beta = 0$ 是演化稳定策略。

综上所述，制造商策略选择相位图见图 7-2。

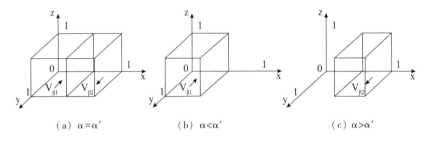

（a）$\alpha = \alpha'$　　　　（b）$\alpha < \alpha'$　　　　（c）$\alpha > \alpha'$

图 7-2　制造商策略选择相位图

由图 7-2 可知，当制造商初始策略处于空间 $V_{\beta 1}$ 时，因 $2m_2 + c_3 - 2m_1 > \mu_1 D + \varphi_1 D$，$\alpha' > 1$，所以 $\beta = 0$ 是演化稳定策略，即制造商不选择弹性供应链策略。因此制造商采取弹性供应链策略收益小于不采取弹性供应链收益，制造商将选择不采取策略。当制造商初始策略处于空间 $V_{\beta 2}$ 时，因 $2m_2 + c_3 - 2m_1 < \mu_1 D + \varphi_1 D$，$\alpha' < 1$，所以 $\beta = 1$ 是演化稳定策略，即政府对制造商和集成商惩罚收益大于对两者的监察成本，$\alpha = 1$ 是演化稳定策略，即制造商采用弹性供应链策略。因此，制造商采取弹性供应链策略收益高于不采取弹性供应链的收益，制造商将选择采取策略。根据阈值 $\alpha' = (2m_2 + c_3 - 2m_1)/(\mu_1 D + \varphi_1 D)$ 可知，政府补贴参数 μ_1 和惩罚系数 φ_1 上升，阈值 α' 将下降，图 7-2 横截面左移导致空间 $V_{\beta 1}$ 变小，说明政府对制造商补贴系数和惩罚系数越高，则制造商更愿选择采用弹性方案。若制造商对集成商实施弹性物流服务监察成本 c_3 上升，阈值 α' 同时上升，横截面右移导致空

间 $V_{\beta1}$ 变大，说明制造商监察成本越高，则制造商选用弹性方案的意愿越低。综上可见，制造商是以收益最大化为目标来决定最终的策略，这再次验证了以经济效益为导向的弹性供应链实施效果并不理想的重要原因。

三、集成商策略稳定性分析

假设集成商实施策略的期望收益为 E_{I1}，不实施策略的期望收益为 E_{I2}，集成商平均期望收益为 E_I，可得：

$$E_{I1}=\alpha\beta(l_1-c_4+\mu_1c_4)+\alpha(1-\beta)(l_2-c_4+\mu_1c_4)+(1-\alpha)\beta(l_1-c_4)+$$
$$(1-\alpha)(1-\beta)(l_2-c_4) \tag{7-11}$$

$$E_{I2}=\alpha\beta(l_3-c_5-s)+\alpha(1-\beta)(l_4-c_5-s)+(1-\alpha)\beta(l_3-c_5)+$$
$$(1-\alpha)(1-\beta)(l_4-c_5) \tag{7-12}$$

$$E_I=\gamma E_{I1}+(1-\gamma)E_{I2}$$
$$=\gamma[\alpha\beta(l_1-c_4+\mu_1c_4)+\alpha(1-\beta)(l_2-c_4+\mu_1c_4)+(1-\alpha)\beta(l_1-c_4)+$$
$$(1-\alpha)(1-\beta)(l_2-c_4)]+(1-\gamma)[\alpha\beta(l_3-c_5-s)+\alpha(1-\beta)$$
$$(l_4-c_5-s)+(1-\alpha)\beta(l_3-c_5)+(1-\alpha)(1-\beta)(l_4-c_5)] \tag{7-13}$$

集成商策略复制动态方程与一阶导数分别如下：

$$F(\gamma)=\frac{d\gamma}{dt}=\gamma(E_{I1}-E_I)$$
$$=\gamma(1-\gamma)[c_5-c_4+\beta(l_1-l_3)+(1-\beta)(l_2-l_4)+\alpha(\mu_2c_4+s)] \tag{7-14}$$

当 $c_5-c_4+\beta(l_1-l_3)+(1-\beta)(l_2-l_4)+\alpha(\mu_2c_4+s)=0$ 时，则集成商演化选择均为稳定策略，阈值 $\beta'=[c_4-c_5+l_4-l_2-\alpha(\mu_2c_4+s)]/(l_1+l_4-l_2-l_3)$；当 $c_5-c_4+\beta(l_1-l_3)+(1-\beta)(l_2-l_4)+\alpha(\mu_2c_4+s)\neq0$ 时，阈值 $\beta'\neq[c_4-c_5+l_4-l_2-\alpha(\mu_2c_4+s)]/(l_1+l_4-l_2-l_3)$，则 $\gamma=0$、$\gamma=1$ 是集成商演化策略的稳定点。对 $F(\gamma)$ 求一阶导数得：

$$F'(\gamma) = \frac{dF(\gamma)}{d\gamma} = (1-2\gamma)\left[c_5-c_4+\beta(l_1-l_3)+(1-\beta)(l_2-l_4)+\alpha(\mu_2 c_4+s)\right]$$

$$(7-15)$$

演化博弈稳定条件 $F'(\gamma)<0$，就 $\left[c_5-c_4+\beta(l_1-l_3)+(1-\beta)(l_2-l_4)+\alpha(\mu_2 c_4+s)\right]$ 不同取值展开分析：

（1）当 $\mu_2 c_4+s<c_4-c_5+l_3-l_1$ 时，由 $0\leqslant\alpha\leqslant 1$、$0\leqslant\beta\leqslant 1$、$0\leqslant\gamma\leqslant 1$、$l_2<l_4$，必有 $c_5-c_4+\beta(l_1-l_3)+(1-\beta)(l_2-l_4)+\alpha(\mu_2 c_4+s)<0$。此时，当 $\gamma=1$ 时，则 $dF(\gamma)/d\gamma>0$；当 $\gamma=0$ 时，则 $dF(\gamma)/d\gamma<0$，因此 $\gamma=0$ 是演化稳定策略。

（2）当 $\mu_2 c_4+s>c_4-c_5+l_3-l_1$ 时，若 $\beta>\beta'$，当 $\gamma=1$ 时，则 $dF(\gamma)/d\gamma<0$；当 $\gamma=0$ 时，则 $dF(\gamma)/d\gamma>0$，因此 $\gamma=1$ 是演化稳定策略。若 $\beta<\beta'$，当 $\gamma=1$ 时，则 $dF(\gamma)/d\gamma>0$，当 $\gamma=0$ 时，则 $dF(\gamma)/d\gamma<0$，因此 $\beta=0$ 是演化稳定策略。

综上所述，集成商策略选择相位图见图 7-3。

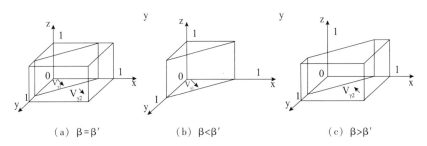

（a）$\beta=\beta'$ （b）$\beta<\beta'$ （c）$\beta>\beta'$

图 7-3　集成商策略选择相位图

由图 7-3 可知，当集成商初始选择处于空间 $V_{\gamma 1}$ 时，由于 $\mu_2 c_4+s<c_4-c_5+l_3-l_1$，则 $\gamma=0$ 是演化稳定策略，即集成商不实施弹性物流服务供应链。在政府参与、制造商采取弹性供应链的情境下，若集成商实施策略收益小于不实施策略收益，集成商最终将选择不实施弹性物流服务。当集成商初始选择处于空间 $V_{\gamma 2}$ 时，由于 $\mu_2 c_4+s>c_4-c_5+l_3-l_1$，必有 $c_5-c_4+\beta(l_1-l_3)+$

$(1-\beta)(l_2-l_4)+\alpha(\mu_2 c_4+s)>0$，则 $\gamma=1$ 是演化稳定策略，即集成商实施弹性物流服务供应链策略。在政府参与、制造商采取弹性供应链的情境下，若集成商实施策略收益大于不实施策略收益，集成商最终将选择实施弹性物流。根据 $[c_5-c_4+\beta(l_1-l_3)+(1-\beta)(l_2-l_4)+\alpha(\mu_2 c_4+s)]$ 可知，若 μ_1 上升，则阈值 γ' 将下降，图 7-3 中空间 $V_{\gamma 1}$ 变小说明当政府对集成商补贴系数越高，集成商更愿采用弹性物流服务供应链。若 s 上升，阈值 γ' 将下降，空间 $V_{\gamma 2}$ 变大说明政府对集成商惩罚力度越大，集成商趋于采用弹性物流服务供应链。同理，c_4 越小和 c_5 越小，这意味集成商实施弹性物流成本越低时越趋向于选择实施弹性物流服务策略。

四、参与主体策略组合稳定性分析

在政府、制造商与集成商三方参与主体动态博弈结果与复制动态系统中，将三方博弈主体策略组合进行整体分析。按照三方参与主体动态趋势可将空间分割为八种均衡状态，并且各均衡状态具有对微小扰动的敏感性，三方博弈没有严格纳什均衡解即纯策略均衡解，见表 7-3。

表 7-3　政府、制造商与集成商三方博弈策略空间

均衡空间	$V_{\beta 1}$		$V_{\beta 2}$	
	$V_{\gamma 1}$	$V_{\gamma 2}$	$V_{\gamma 1}$	$V_{\gamma 2}$
$V_{\alpha 1}$	(0, 0, 1)	(0, 0, 1)	(0, 1, 0)	(0, 1, 1)
$V_{\alpha 2}$	(1, 0, 0)	(1, 0, 1)	(1, 1, 0)	(1, 1, 1)

当初始状态处于 $V_{\alpha 2}$、$V_{\beta 2}$、$V_{\gamma 2}$ 空间交集时，参与主体策略将处于均衡状态（1，1，1），即仅政府开展监察策略时制造商将采取弹性供应链，集成商将实施弹性物流服务供应链策略。以上结论与发展中国家产业链供应链物流的当前实际状况相符，由于这些国家面对突发事件的弹性供应链

建设仍处在初级阶段，这就需要政府采取必要的干预措施。从短期来看，在初始状态处于 $V_{\alpha2}$、$V_{\beta1}$、$V_{\gamma1}$ 空间交集时，参与主体收敛于状态（1，0，0），虽然政府实施监察策略且短期内制造商、集成商未见弹性供应链和弹性物流运营收益，初始状态下即使政府采取监管措施，制造商和集成商依然选择不采用和不实施策略。因此，为实现突发危机短期负面影响的有效干预，政府可采取有力的奖惩措施激励制造商、集成商积极有为地构建弹性供应链体系。从长期来看，当初始状态处于 $V_{\alpha1}$、$V_{\beta2}$、$V_{\gamma2}$ 空间交集时，参与主体收敛于（0，1，1）均衡状态，后期由于突发事件对供应链的持续作用，为保障长期收益，即使没有政府参与，制造商和集成商最终都将主动选择采用和实施策略，这也是风险社会环境下供应链发展的必然趋势。

第四节　算例分析

风险社会环境下，物流服务供应链遭到突发事件冲击后无法正常运作，不仅影响制造商、集成商的最优收益，还将对政府社会效益产生负面作用，嵌入视角下物流服务供应链弹性策略可以有效地应对突发事件的风险冲击，并进一步得出参与主体的最优决策参数。本章采用数值实验分析突发事件下物流服务供应链各主体选择策略的初始比例及政府奖惩参数变化对演化结果的影响，检验所构建的弹性演化博弈模型的有效性。为验证模型的可行性与有效性，避免具体算例对模型性能可信度的影响，研究在满足前文参数关系约束的基础上通过随机方式设定基本参数。具体如下：$D=100$、$c_1=2$、$c_2=2$、$c_3=5$、$c_4=7$、$c_5=9$、$\mu_1=0.2$、$\mu_2=0.1$、$\varphi_1=0.3$、$s=30$、$m_1=40$、$m_2=50$、$l_1=30$、$l_2=35$、$l_3=47$、$l_4=42$。以此构建政府参与下物流服务供应链弹性协调决策整体实验环境，并采用灵敏度进一步分析政府改变对集成商的补贴系数和惩罚额度参数后对弹性决策的影响。

一、选择策略初始比例对演化结果影响

（一）固定初始值下参与主体策略选择

α′、β′、γ′分别表示政府群体选择监管策略、制造商群体选择采取弹性供应链策略、集成商群体选择实施弹性物流服务供应链策略的初始比例，固定初始值分别为 α′=0.1、β′=0.1、γ′=0.1。数值结果见图 7-4，在政府、制造商、集成商演化结果互相影响下，各主体均衡收敛不仅与自身群体选择初始比例存在关系，还受制造商和集成商群体策略选择初始比例影响，同时政府、制造商参与演化群体策略概率类似一定周期性波动变化，始终无法达成均衡状态，说明该情景下，政府、制造商、集成商三方演化博弈不存在稳定进化状态。

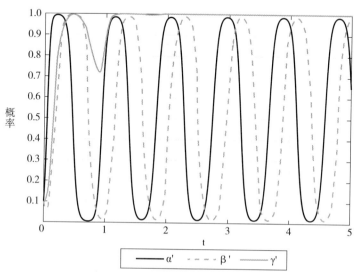

图 7-4　固定初始值下的弹性策略均衡结果

（二）初始比例变化对参与主体选择影响

数值结果见图 7-5，初始值为 $\alpha'=0.1$、$\beta'=0.2$、$\gamma'=0.2$，图 7-5 显示在不同初始状态下仅考虑初始状态变化时政府、制造商、集成商选择均衡策略，并未考虑三方后期的相互作用。与前文综合结论一致，参与主体在不同博弈初始状态下共存在八种不同均衡结果，此时选择两种不同政府初始变量作为比较对象。图 7-5 表示政府初始监管力度较低时制造商与集成商承受外部压力相对较小，即使之后政府监管力度大幅增加，由于两者抵制将依然选择不采用和不实施策略。相反，当政府初始采取较高监管力度时，即采取监管初始比例由 0.1 调整到 0.6（见图 7-6），在开始阶段，制造商与集成商便受到高压措施，常态化高压监管使两者形成规则惯性，制造商群体趋于实施弹性供应链策略，而集成商则更倾向于选择实施弹性物流服务供应链策略，即便之后取消政府监管，管理惯性条件下的制造商与集成商也将自觉地实施弹性供应链策略。这说明在制造商群体与集成商

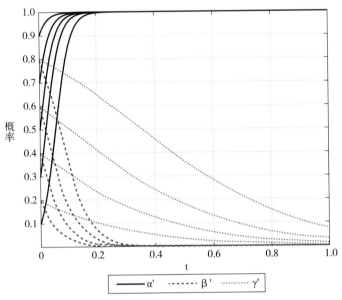

图 7-5　政府初始比例 $\alpha'=0.1$ 时的弹性策略均衡结果

群体选择策略初始比例未改变的情况下，政府群体初始选择比例变化时，两者选择策略均将发生变化。

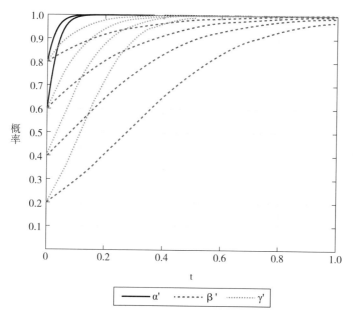

图 7-6　政府初始比例 $\alpha' = 0.6$ 时的弹性策略均衡结果

二、政府参与措施变化对演化结果影响

本部分固定其他参数不变，考察政府对集成商补贴系数和惩罚额度改变带来的演化影响。政府群体监管策略初始比例为 $\alpha' = 0.4$、制造商群体采用弹性供应链初始比例为 $\beta' = 0.2$、集成商群体实施弹性物流服务供应链初始比例为 $\gamma' = 0.6$。图 7-7 表示执行原政府补贴系数 $\mu_2 = 0.3$ 和惩罚额度 $s = 30$，此时集成商最终趋向于选择实施弹性物流服务策略，制造商趋向于不采用弹性供应链策略，政府选择监管策略，即策略组合为（1，0，1）。之后图 7-8 表示调整政府补贴系数 $\mu_2 = 0.6$ 和惩罚额度 $s = 40$，集成商最终趋于实施弹性物流服务供应链策略，制造商趋于采用弹性供应链策略，

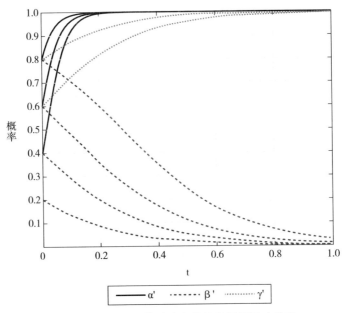

图 7-7　政府奖惩策略改变前演化结果影响效应

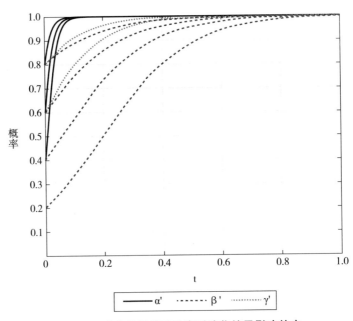

图 7-8　政府奖惩策略改变后演化结果影响效应

政府仍选择监管策略，即策略组合为（1，1，1）。这表明当政府增加集成商补贴系数与惩罚额度时，集成商选择实施弹性物流服务供应链策略将增加收益，由于惩罚额度提高，集成商不实施弹性物流供应链策略的成本上升，所以集成商最终趋于实施弹性物流服务供应链策略。由此可知，通过调整参数值能够改变参与主体最终均衡策略以实现弹性供应链持续发展，这为政府制定相关政策提供了科学依据。

三、管理建议

面对突发事件构建弹性物流服务供应链需要政策、技术及管理等多方面的支持，这将涉及政府、制造商及集成商等利益相关主体。相比供应链企业直接实施强制措施或资金补贴常规措施，本章引入政府政策和制造商行为，分析政府、制造商和集成商参与主体弹性策略演化博弈机制，得出的主要管理启示如下：

（1）由政府策略稳定性分析可知，风险社会环境下政府部门不能再单纯注重经济效益而忽视安全效益，在构建弹性物流服务供应链时不仅需要政府探索与制造商、集成商等企业间的合作关系，寻求参与者横向均衡，敦促制造商采用弹性供应链策略及集成商实施弹性物流服务供应链方案，同时还需要政府部门对涉及单位实施多元化考核标准，将社会安全效益指标纳入评价体系，在增加社会安全效益比重的同时降低经济增长考核比重，促进政府治理能力提升。

（2）根据制造商稳定性分析得到制造商是以收益最大化为目标来决定最终选择策略，经济效益导向下，弹性供应链实施效果并不理想。为此，政府可以采取通过降低成本、入股或控股供应链相应企业等有效措施，提升政府初始监管力度，优化对制造商采用弹性供应链策略的补贴系数和惩罚力度、由政府支付制造商冗余生产成本及降低制造商监管成本等手段来引导制造商选择弹性供应链策略。

（3）与产品供应链核心企业制造商类似，集成商演化策略同样也是以收益为依据决定最终策略，实施弹性物流服务供应链对集成商自身利益的削减效应是弹性供应链实施效果并不理想的内在根源。通过前文分析，要驱动集成商积极选择实施策略必须提升其盈利收益，政府可通过提高集成商实施弹性物流服务供应链的补贴系数、强化不实施惩罚力度及降低实施成本等有效措施提升集成商的弹性物流服务供应链的积极性。

第五节　本章小结

本章针对突发事件环境下物流服务供应链弹性决策问题，建立了政府、制造商及集成商三方非对称模型，采用演化博弈理论分析参与主体的弹性决策，实现有限理性下收益最优。结果显示，各主体均衡收敛不仅与自身群体选择初始比例存在关系，还受制造商和集成商群体策略选择初始比例的影响。从长期来看，政府奖惩机制和制造商弹性供应链策略是集成商长期实施弹性物流的决定性因素。

研究结论与展望

　　随着服务业升级改造，物流服务供应链研究已成为国内外学术界和企业界研究的热点问题。近年来受世界经济深度衰退、商业模式更替、需求差异化及物流产业环境不够成熟等不确定性因素影响，物流服务供应链突发事件不断引发企业间服务传递失效，给系统整体及个体成员都造成了严重损失。疫情对世界经济和社会发展带来了巨大冲击，如何构建面向突发事件的物流服务供应链基础理论与治理措施，完善突发事件管理体系，最大限度降低突发风险负面效应是需要共同思考的重大议题。然而，目前关于物流服务供应链的研究重点关注内涵结构、供应商选择及协调机制等理论与实践，物流服务供应链突发事件风险协调策略有待深入，这为本书研究开展提供了契机。鉴于此，本书针对物流服务供应链突发事件，从系统性、嵌入性、脆弱性与应急性出发界定物流服务供应链突发事件基础内涵，明确物流服务供应链突发事件的供给、运作与需求挑战情景，进而制定出物流服务供应链风险协调策略，为物流服务企业健康成长提供理论指导与可行建议。

第一节　本书创新

本书的特色与创新之处主要体现在以下方面：

（1）风险时代下的物流服务供应链突发事件。探讨物流服务供应链结构特征，以嵌入性视角分析危机下物流服务供应链突发事件研究的必要性。明确供应链风险与突发事件异同，从系统性、嵌入性、脆弱性与应急性出发界定物流服务供应链突发事件的基础内涵。描述物流服务供应链供给、运作与需求挑战情景，提出物流服务供应链应对突发事件的纵向"协调线"与横向"协作线"治理范式，建立规范的治理逻辑框架，为物流服务供应链突发事件治理进一步深入提供了重要的参考价值。

（2）供给风险视域下物流服务供应链质量协调机制研究。一是采用埃奇沃斯盒模型揭示物流服务供应链质量合作机理，建立集成商与提供商契约曲线的"质量—利益"方案集合。基于集成商与提供商质量合作流程构建物流服务供应链质量委托代理基础模型，采用斯塔克尔伯格博弈模型分析道德风险与逆向选择共存时的质量激励契约纳什博弈均衡。二是考虑跨期合作服务质量对平台品牌的影响，构建成本共担双主体微分博弈模型激励提供商实施高质量的线下物流服务。采用哈密顿-雅可比-贝尔曼方程式探讨非合作纳什博弈、成本共担斯塔克尔伯格博弈及合作博弈情形下物流服务供应链成本共担协调策略，实现O2O模式下物流服务供应链合作效率持续改善。

（3）运作风险视域下物流服务供应链中断协调机制研究。针对突发事件下物流服务供应链中断风险问题，构建出单提供商单集成商两级模型，采用演化博弈理论分析集成商监管机构与提供商优化决策，并在考虑中断概率的基础上探讨不同等级区间的策略行为。目前，国内外学者重点从管理、概念模型及博弈协调方面探讨物流服务供应链风险，鲜有学者从中断概率视角研究物流服务供应链利益主体演化博弈问题，本书丰富了相关理论研究，为物流服务供应链突发事件管理提供科学依据。

（4）需求风险视域下物流服务供应链能力协调机制研究。综合考虑物流服务供应链应急调运系统动静态资源、灾害分布及优先等级等因素，借鉴动态调配 Multi-Agent 方法刻画各应急救援保障部门间的协同作用，对应急调运系统的供需路径与救援时效进行分析，构建物流服务供应链应急调运系统高效的、及时的、低成本的动态调度模型，基于多源时间最短路径问题及弗洛伊德算法对模型进行求解，得出应急最优路径及参与调配的储存点组合，能够为救援提供更加可靠的保障。

（5）全过程视域下物流服务供应链风险的弹性协调机制研究。从风险社会视角出发预设突发事件存在，将"弹性能力"嵌入物流服务供应链，建立政府、制造商及集成商三方演化博弈模型，系统分析了政府参与下三方主体的策略选择过程。在此基础上，通过灵敏度分析从微观层面研究了不同政策的监管效果，考察政府奖惩系数变化带来的影响效应，进一步契合现实世界中策略选择过程的复杂性研究。目前，学术界主要是针对产品供应链弹性机制进行研究，并未直接涉及研究物流服务供应链弹性。在物流服务供应链运营过程中预设突发事件的存在，构建政府参与下物流服务供应链弹性系统具有一定的特色和前瞻性。

第二节　展望

本书围绕"物流服务供应链风险协调机制——基于供给、运作与需求的全过程视域"这一基本问题进行了相关探索，取得一定的具有针对性的研究成果，但仍存在需要深入研究与完善之处。未来可从以下方面展开探讨：

①本书着重分析面向突发事件的物流服务供应链提供商和集成商决策，建模时并未涉及产品价格，今后考虑加入价格因素并进一步开展风险决策研究；②现有关于物流服务供应链风险系统的研究通常是静态与定性的，现实环境下突发事件影响效应往往会覆盖供应、运作及需求等整体环节，需要在整体系统视角下解读策略的复杂性与动态性；③未来可采用系统动力学挖掘弹性物流与供应链影响内在路径和依赖关系，利用 Vensim 软件仿真风险数据，探讨突发事件对弹性系统绩效的影响；④把本书物流服务供应链演化博弈与弹性协调理论与方法体系整合到其他科学领域，探索交叉学科研究。

参考文献

[1] Adenso-Díaz B, Lozano S, Garcia-Carbajal S, et al. Assessing Partnership Savings in Horizontal Cooperation by Planning Linked Deliveries [J]. Transportation Research Part A: Policy & Practice, 2014, 66: 268-279.

[2] Al-Ammar E, Fisher J. Resilience Assessment of the Power System Network to Cyber and Physical Attacks [C]. 2006 IEEE Power Engineer Meeting. IEEE, Montreal, Quebec, 2006.

[3] Ambulkar S, Blackhurst J, Grawe S. Firm's Resilience to Supply Chain Disruptions: Scale Development and Empirical Examination [J]. Journal of Operations Management, 2015 (34): 111-122.

[4] Atwater C, Gopalan R, Lancioni R, et al. Measuring Supply Chain Risk: Predicting Motor Carriers' Ability to Withstand Disruptive Environmental Change Using Conjoint Analysis [J]. Transportation Research Part C, 2014 (48): 360-378.

[5] Avelar-Sosa L, García-Alcaraz J L, Castrellón-Torres J P. The Effects of Some Risk Factors in the Supply Chains Performance: A Case of Study [J]. Journal of Applied Research & Technology, 2014, 12 (5): 958-968.

［6］ Azevedo S G, Govindan K, Carvalho H, et al. Ecosilient, Index to Assess the Greenness and Resilience of the Upstream Automotive Supply Chain ［J］. Journal of Cleaner Production, 2013, 56 (10): 131-146.

［7］ Baharmand H, Comes T, Lauras M. Managing In-Country Transportation Risks in Humanitarian Supply Chains by Logistics Service Providers: Insights from the 2015 Nepal earthquake ［J］. International Journal of Disaster Risk Reduction, 2017 (24): 549-559.

［8］ Basligil H, Kara S S, Alcan P, et al. A Distribution Network Optimization Problem for Third Party Logistics Service Providers ［J］. Expert Systems with Applications, 2011, 38 (10): 12730-12738.

［9］ Bastas A, Liyanage K. Sustainable Supply Chain Quality Management: A Systematic Review ［J］. Journal of Cleaner Production, 2018, 118 (4): 726-744.

［10］ Berger P, Gerstenfeld A, Zeng, A Z. How Many Suppliers are Best? A Decision-Analysis Approach ［J］. Omega, 2004, 32 (1): 9-15.

［11］ Bogataj D, Aver B, Bogataj M. Supply Chain Risk at Simultaneous Robust Perturbations ［J］. International Journal of Production Economics, 2016 (181): 68-78.

［12］ Brusset X, Teller C. Supply Chain Capabilities, Risks, and Resilience ［J］. International Journal of Production Economics, 2016 (74): 14-25.

［13］ Cachon G P, Lariviere M A. Supply Chain Coordination with Revenue-Sharing Contracts: Strengths and Limitations ［J］. Management Science, 2005, 51 (1): 30-44.

［14］ Cardoso S R, Barbosa-Póvoa A P F D, Relvas S, et al. Network Design and Planning of Resilient Supply Chains ［J］. Computer Aided Chemical Engineering, 2014 (33): 1219-1224.

［15］Cardoso S R, Barbosa-Póvoa A P, Relvas S, et al. Resilience Metrics in the Assessment of Complex Supply-Chains Performance Operating under Demand Uncertainty ［J］. Omega, 2015, 56 (1): 53-73.

［16］Carvalho H, Barroso A P, MacHado V H, et al. Supply Chain Redesign for Resilience Using Simulation ［J］. Computers and Industrial Engineering, 2012, 62 (1): 329-341.

［17］Chatterjee R, Ismail N, Shaw R. Identifying Priorities of Asian Small-and Medium-Scale Enterprises for Building Disaster Resilience ［J］. Urban Disasters and Resilience in Asia, 2016, 34 (2): 179-194.

［18］Chen L C, Miller-Hooks E. Resilience: An Indicator of Recovery Capability in Intermodal Freight Transport ［J］. Transportation Science, 2012, 46 (1): 109-123.

［19］Choi T M, Wallace S W, Wang Y. Risk Management and Coordination in Service Supply Chains: Information, Logistics and Outsourcing ［J］. Journal of the Operational Research Society, 2016, 67 (2): 159-164.

［20］Choy K L, Chung-Lun Li, Stuart C K So, Henry Lau, et al. Managing Uncertainty in loglsties Service Supply Chain ［J］. International Journal of Risk Assessment and Management, 2007, 7 (1): 19-25.

［21］Christopher M. Logistics and Supply Chain Management ［M］. Upper Saddle River: FT Prentice Hall, 2016.

［22］Christopher M, Peck H. Building the Resilient Supply Chain ［J］. International Journal of Logistics Management, 2004, 15 (2): 1-29.

［23］Erbao C, Can W, Mingyong L. Coordination of a Supply Chain with One Manufacturer and Multiple Competing Retailers under Simultaneous Demand and Cost Disruptions ［J］. International Journal of Production Economics, 2013, 141 (1): 425-433.

［24］Farahani R. Logistics Operations and Management ［M］. Amsterdam：Elsevier，2011.

［25］Fattahi M，Govindan K，Keyvanshokooh E. Responsive and Resilient Supply Chain Network Design Under Operational and Disruption Risks with Delivery Lead-Time Sensitive Customers ［J］. Transportation Research Part E，2017（101）：176-200.

［26］Fazayeli S，Eydi A，Kamalabadi I N. A Model for Distribution Centers Location-Routing Problem on a Multimodal Transportation Network with a Meta-Heuristic Solving Approach ［J］. Journal of Industrial Engineering International，2018，31（4）：164-182.

［27］Frostenson M，Prenkert F. Sustainable Supply Chain Management When Focal Firms are Complex：A Network Perspective ［J］. Journal of Cleaner Production，2015（107）：85-94.

［28］Gedik R，Medal H，Rainwater C，et al. Vulnerability Assessment and Re-Routing of Freight Trains under Disruptions：A Coal Supply Chain Network Application ［J］. Transportation Research Part E Logistics ＆ Transportation Review，2014，71（3）：45-57.

［29］Giovanni P D，Reddy P V，Zaccour G. Incentive Strategies for an Optimal Recovery Program in a Closed-Loop Supply Chain ［J］. European Journal of Operational Research，2016，249（2）：605-617.

［30］Giri B C，Sarker B R. Improving Performance by Coordinating a Supply Chain with Third Party Logistics Outsourcing under Production Disruption ［J］. Computers ＆ Industrial Engineering，2017（103）：168-177.

［31］He Y，Liang X D，Deng F M，et al. Emergency Supply Chain Management Based on Rough Set-House of Quality ［J］. International Journal of Automation and Computing，2019，16（3）：297-309.

[32] He Y. Supply Risk Sharing in a Closed-Loop Supply Chain [J]. International Journal of Production Economics, 2017 (183): 39-52.

[33] Hjaila K, Puigjaner L, Laínez-Aguirre J M, et al. Integrated Game-Theory Modelling for Multi Enterprise-Wide Coordination and Collaboration under Uncertain Competitive Environment [J]. Computers & Chemical Engineering, 2016, 12 (2): 18-28.

[34] Hosseini S, Khaled A A, Sarder M D. A General Framework for Assessing System Resilience Using Bayesian Networks: A Case Study of Sulfuric Acid Manufacturer [J]. Journal of Manufacturing Systems, 2016 (41): 211-227.

[35] Huang M, Tu J, Chao X, et al. Quality Risk Management of Outsourcing Logistics Service: A Fourth Party Logistics Perspective [J]. European Journal of Operational Research, 2020, 17 (6): 76-82.

[36] Huang S, Yang J. Information Acquisition and Transparency in a Supply Chain with Asymmetric Production Cost Information [J]. International Journal of Production Economics, 2016 (182): 449-464.

[37] Huo B, Ye Y, Zhao X, et al. Supply Chain Quality Integration: A Taxonomy Perspective [J]. International Journal of Production Economics, 2019, 207 (1): 236-246.

[38] Huo B, Ye Y, Zhao X. The Impacts of Trust and Contracts on Opportunism in the 3PL Industry: The Moderating Role of Demand Uncertainty [J]. International Journal of Production Economics, 2015 (170): 160-170.

[39] Jabbarzadeh A, Fahimnia B, Sheu J B, et al. Designing a Supply Chain Resilient to Major Disruptions and Supply/Demand Interruptions [J]. Transportation Research Part B, 2016 (94): 121-149.

[40] Javid M, Seyedmohsen H. Simulation-Based Assessment of Supply Chain Resilience with Consideration of Recovery Strategies in the COVID-19

Pandemic Context ［J］. Computers & Industrial Engineering, 2021, 44（6）: 19-23.

［41］ Jazairy A, Haartman R V. Analysing the Institutional Pressures on Shippers and Logistics Service Providers to Implement Green Supply Chain Management Practices ［J］. International Journal of Logistics Research & Applications, 2020, 23（1）, 44-84.

［42］ Kırılmaz O, Erol S. A Proactive Approach to Supply Chain Risk Management: Shifting Orders Among Suppliers to Mitigate the Supply Side Risks ［J］. Journal of Purchasing & Supply Management, 2016, 12（6）: 112-130.

［43］ Kudla N L, Klaas-Wissing T. Sustainability in Shipper-Logistics Service Provider Relationships: A Tentative Taxonomy Based on Agency Theory and Stimulus-Response Analysis ［J］. Journal of Purchasing & Supply Management, 2012, 18（4）: 218-231.

［44］ Lisa M Ellram, Wendy L Tate, Corey Billington. Understanding and Managing the Services Supply Chain ［J］. Journal of Supply Chain Management, 2004, 40（4）: 17-32.

［45］ Liu W H, Xie D. Quality Decision of the Logistics Service Supply Chain with Service Quality Guarantee ［J］. International Journal of Production Research, 2013, 51（5）: 1618-1634.

［46］ Liu W, Liu Y, Zhu D, et al. The Influences of Demand Disruption on Logistics Service Supply Chain Coordination: A Comparison of Three Coordination Modes ［J］. International Journal of Production Economics, 2016, 179（9）: 59-76.

［47］ Liu W, Shen X, Xie D. Decision Method for the Optimal Number of Logistics Service Providers with Service Quality Guarantee and Revenue Fairness ［J］. Applied Mathematical Modelling, 2017, 48（8）: 53-69.

［48］ Liu W, Wang M, Zhu D, et al. Service Capacity Procurement of Logistics Service Supply Chain with Demand Updating and Loss−Averse Preference ［J］. Applied Mathematical Modelling, 2019, 251（12）: 486−507.

［49］ Liu W, Wang Y. Quality Control Game Model in Logistics Service Supply Chain Based on Different Combinations of Risk Attitude ［J］. International Journal of Production Economics, 2015, 161: 181−191.

［50］ Liu X, Zhang K, Chen B, et al. Analysis of Logistics Service Supply Chain for the One Belt and One Road Initiative of China ［J］. Transportation Research Part E: Logistics and Transportation Review, 2018, 113（6）: 23−39.

［51］ Li Y, Zhao L. Analyzing Deformation of Supply Chain Resilient System Based on Cell Resilience Model ［R］. International Conference on Life System Modeling and Simulation. LSMS 2010. Wuxi, China, 2010.

［52］ Li Y, Zhen X, Qi X, et al. Penalty and Financial Assistance in a Supply Chain with Supply Disruption ［J］. Omega, 2016（61）: 167−181.

［53］ Machuca J A D, González−Zamora M M, Aguilar−Escobar V G. Service Operations Management Research ［J］. Journal of Operations Management, 2007, 25（3）: 585−603.

［54］ Ma F, Yuen K F, Zhao S, et al. Assessing the Vulnerability of Logistics Service Supply Chain Based on Complex Network ［J］. Sustainability, 2020, 12（4）: 179−184.

［55］ Mensah P, Merkuryev Y. Developing a Resilient Supply Chain ［J］. Procedia −Social and Behavioral Sciences, 2014（110）: 309−319.

［56］ Mohammaddust F, Rezapour S, Farahani R Z, et al. Developing Lean and Responsive Supply Chains: A Robust Model for Alternative Risk Mitigation Strategies in Supply Chain Designs ［J］. International Journal of Production

Economics，2015（176）：66-76.

[57] Pal B，Sana S S，Chaudhuri K. A Distribution-Free Newsvendor Problem with Nonlinear Holding Cost [J]. International Journal of Systems Science，2015，46（7）：1269-1277.

[58] Paloviita A，Kortetmäki T，Puupponen A，et al. Vulnerability Matrix of the Food System：Operationalizing Vulnerability and Addressing Food Security [J]. Journal of Cleaner Production，2016（135）：1242-1255.

[59] Park H，Deion W，Ali H. Online Optimization with Look-Ahead for Freeway Emergency Vehicle Dispatching Considering Availability [J]. Transportation Research Part C：Emerging Technologies，2019，109（19）：95-116.

[60] Park K，Min H，Min S. Inter-Relationship among Risk Taking Propensity，Supply Chain Security Practices，and Supply Chain Disruption Occurrence [J]. Journal of Purchasing & Supply Management，2016，22（2）：120-130.

[61] Persson G，Virum H. Growth Strategies for Logistics Sevice Providers：A Case Study [J]. International Journal of Logistics Management，2001，12（1）：53-64.

[62] Pettit T J，Fiksel J，Croxton K L. Ensuring Supply Chain Resilience：Development of a Conceptual Framework [J]. Journal of Business Logistics，2010，31（1）：1-21.

[63] Qi X T，Bard J，Yu G. Supply Chain Coordination with Demand Disruptions [J]. Omega，2004（32）：301-312.

[64] Rajesh R，Ravi V. Supplier Selection in Resilient Supply Chains：A Grey Relational Analysis Approach [J]. Journal of Cleaner Production，2015（86）：343-359.

[65] Rezapour S，Farahani R Z，Pourakbar M. Resilient Supply Chain

Network Design under Competition: A Case Study [J]. European Journal of Operational Research, 2016, 98 (2): 175-212.

[66] Ruiz – Torres A J, Mahmoodi F, Zeng A Z. Supplier Selection Model with Contingency Planning for Supplier Failures [J]. Computers & Industrial Engineering, 2013, 66 (2): 374-382.

[67] Sahu A K, Datta S, Mahapatra S S. Evaluation of Performance Index in Resilient Supply Chain: A Fuzzy-Based Approach [J]. Benchmarking: An International Journal, 2017, 24 (1): 118-142.

[68] Samii B, Umit H, Meyers K. The Impact of Supply Chain Resilience on the Business Case for Smart Meter Installation [J]. Electricity Journal, 2014, 27 (1): 53-65.

[69] Sanche2-Rodrigues V, Potter A Naim M M. Managing Uncertainty in Logistics Service Supply Chain [J]. International Journal of Risk Assessment and Management, 2007, 7 (1): 19-25.

[70] Sawik T. Optimization of Cost and Service Level in the Presence of Supply Chain Disruption Risks: Single vs. Multiple Sourcing [J]. Computers & Operations Research, 2014 (51): 11-20.

[71] Sheffi Y. Supply Chain Management under the Threat of International Terrorism [J]. International Journal of Logistics Management, 2001, 12 (2): 1-11.

[72] Singh A R, Mishra P K, Jain R, et al. Design of Global Supply Chain Network with Operational Risks [J]. The International Journal of Advanced Manufacturing Technology, 2012, 60 (1-4): 273-290.

[73] Soni U, Jain V. Minimizing the Vulnerabilities of Supply Chain: A New Framework for Enhancing the Resilience [R]. 2011 IEEE International Conference on Industrial Engineering and Engineering Management. IEEE, Sin-

gapore, 2011.

[74] Tang L, Jing K, He J, et al. Complex Interdependent Supply Chain Networks: Cascading Failure and Robustness [J]. Physica A Statistical Mechanics & Its Applications, 2016 (443): 58-69.

[75] Tuncdan B, Erhan A, Melike D K, et al. A New Framework for Service Supply Chains [J]. Service Industries Journal, 2007, 27 (2): 105-124.

[76] Uta Jüttner. Supply Chain Risk Management [J]. The International Journal of Logistics Management, 2005, 16 (1): 120-141.

[77] Wakolbinger T, Cruz J M. Supply Chain Disruption Risk Management through Strategic Information Acquisition and Sharing and Risk-Sharing Contracts [J]. International Journal of Production Research, 2011, 49 (13): 4063-4084.

[78] Wang F, Yang X, Zhuo X, et al. Joint Logistics and Financial Services by a 3PL Firm: Effects of Risk Preference and Demand Volatility [J]. Transportation Research Part E Logsistics and Transportation Review, 2019 (130): 312-328.

[79] Wang G, Hu X, Li X, et al. Multiobjective Decisions for Provider Selection and Order Allocation Considering the Position of the CODP in a Logistics Service Supply Chain [J]. Computers & Industrial Engineering, 2020, 140 (2): 1-15.

[80] Wang H, Du L, Ma S. Multi-Objective Open Location-Routing Model with Split Delivery for Optimized Relief Distribution in Post-Earthquake [J]. Transportation Research Part E: Logistics and Transportation Review, 2014 (69): 160-179.

[81] Wang X, Zhao L. Improving Supply Chain Resilience by Using Bio-

参考文献

logical Cellular Resilience Theory [J]. ICIC Express Letters, 2012, 6 (1):
79-84.

[82] Wang Y, Xiao R. An Ant Colony Based Resilience Approach to
Cascading Failures in Cluster Supply Network [J]. Physica A Statistical Me-
chanics & Its Applications, 2016 (462): 150-166.

[83] Waters D. Supply Chain Risk Management: Vulnerability and Re-
silience in Logistics [M]. London: Kogan Page Publishers, 2011.

[84] Yoo S H, Cheong T. Quality Improvement Incentive Strategies in a
Supply Chain [J]. Transportation Research Part E: Logistics and Transportation
Review, 2018 (114): 331-342.

[85] Yu H S, Zeng A Z, Zhao L D. Single or Dual Sourcing: Decision-
Making in e Presence of Supply Chain Disruption Risks [J]. Omega, 2009, 37
(4): 788-800.

[86] Zeng B, Yen P C. Rethinking the Role of Partnerships in Global
Supply Chains: A Risk-Based Perspective [J]. International Journal of Pro-
duction Economics, 2017 (185): 52-62.

[87] Zhang G, Wang X, Gao Z, et al. Research on Risk Diffusion
Mechanism of Logistics Service Supply Chain in Urgent Scenarios [J]. Mathe-
matical Problems in Engineering, 2020, 24 (6), 66-72.

[88] Zhang J, Nault B R, Tu Y. A Dynamic Pricing Strategy for a 3PL
Provider with Heterogeneous Customers [J]. International Journal of Production
Economics, 2015 (169): 31-43.

[89] Zhang X. Reference-Dependent Electric Vehicle Production Strategy
Considering Subsidies and Consumer Trade-Offs [J]. Energy Policy, 2014
(67): 422-430.

[90] Zhao L, Huo B, Sun L, et al. The Impact of Supply Chain Risk on

— 161 —

Supply Chain Integration and Company Performance：A Global Investigation［J］. Supply Chain Management：An International Journal，2013，18（2）：115-131.

［91］Zhong J，Ma Y，Tu Y，et al. Supply Chain Quality Management：An Empirical Study［J］. International Journal of Contemporary Hospitality Management，2016，28（11）：2446-2472.

［92］曹裕，李青松，胡韩莉. 供应链产品质量检查策略的比较研究［J］. 系统工程理论与实践，2019（1）：111-125.

［93］陈可嘉. GI-TOPSIS 方法在逆向物流供应商选择中的应用［J］. 中国流通经济，2014（3）：39-48.

［94］陈述，余迪，郑霞忠，等. 重大突发事件的动态协同应急决策［J］. 中国安全科学学报，2015（3）：171-176.

［95］崔爱平，刘伟. 基于能力分工与合作的 LSSC 协调［J］. 上海海事大学学报，2008，29（2）：43-47.

［96］刁姝杰，匡海波，孟斌，等. 基于前景理论的 LSSC 服务质量管控策略的演化博弈分析［J］. 中国管理科学，2021（7）：33-45.

［97］董千里. 供应链突发事件集成管理研究［J］. 物流技术，2009（7）：180-184.

［98］杜妮，周盛超. 公平关切下物流服务供应链质量缺陷承诺策略研究［J］. 运筹与管理，2019（7）：34-43.

［99］高志军，刘伟. 物流服务供应链风险管理模型研究［J］. 商业时代，2010（9）：29-30.

［100］郭英，刘志学，覃雪莲. 考虑质量成本的物流服务供应链纵向整合策略研究［J］. 中国管理科学，2021（5）：1-13.

［101］胡劲松，纪雅杰，马德青. 基于消费者效用的电商供应链企业的产品质量和服务策略研究［J］. 系统工程理论与实践，2020（10）：2602-2616.

[102] 扈衷权, 田军, 冯耕中. 基于期权采购的政企联合储备应急物资模型 [J]. 系统工程理论与实践, 2018 (8): 2032-2044.

[103] 江玉庆, 刘利平, 刘帆. BOPS 模式下基于成本共担契约的供应链协调策略 [J]. 控制与决策, 2021 (7): 1293-1310.

[104] 李彬, 季建华. 应对供应中断风险的供应链鲁棒运作模式: 对我国企业的启示 [J]. 经济管理, 2013 (3): 64-73.

[105] 李剑锋, 陈世平, 黄祖庆, 等. 基于期权与集成商风险规避的物流服务供应链协调 [J]. 计算机集成制造系统, 2013 (5): 1105-1114.

[106] 李剑锋, 陈世平, 易荣华, 等. 二级物流服务供应链定价及其效率研究 [J]. 中国管理科学, 2013 (2): 84-90.

[107] 李瑞海, 齐源, 龙静, 等. 物流路径关闭和拥塞风险下库存控制策略 [J]. 系统管理学报, 2020 (2): 399.

[108] 李阳珍, 张明善. 物流服务供应链不可靠性传递分析 [J]. 西南民族大学学报 (人文社会科学版), 2012 (9): 151-154.

[109] 刘家国, 周粤湘, 卢斌, 等. 基于突发事件风险的供应链脆弱性削减机制 [J]. 系统工程理论与实践, 2015 (3): 556-566.

[110] 刘丽, 韩同银, 金浩. 基于品牌商誉的绿色供应链经营模式选择与营销策略研究 [J]. 控制与决策, 2021 (7): 1-9.

[111] 刘伟, 高志军. 物流服务供应链: 理论架构与研究范式 [J]. 商业经济与管理, 2012 (4): 19-25.

[112] 刘伟华. 物流服务供应链能力合作的协调研究 [D]. 上海交通大学博士学位论文, 2007.

[113] 刘新民, 赵梁, 王垒, 等. 考虑随机市场需求的双渠道供应链风险补偿策略研究: 从质量与价格竞争视角 [J]. 中国管理科学, 2019 (1): 73-84.

[114] 卢安文, 荆文君. 考虑客户对服务质量评价的物流服务供应链

激励机制研究 [J]. 商业研究, 2015 (1): 166-174.

[115] 鲁其辉. 基于成本共担策略的服务供应链协调研究 [J]. 控制与决策, 2011 (11): 1649-1653.

[116] 陆秋琴, 李艺萌. 灾害应急物资云网格精细化分派优先级研究 [J]. 中国安全科学学报, 2019 (5): 185-190.

[117] 吕靖, 乔雨, 徐鹏. 4PL 港口供应链企业竞合与利益协调策略 [J]. 大连海事大学学报, 2020 (2): 49-58.

[118] 马波. 物流企业供应链违约风险度量 [J]. 统计与决策, 2018 (23): 174-177.

[119] 马浩博, 季建华, 何冰. 针对突发事件的供应链管理研究 [J]. 现代管理科学, 2009 (10): 76-77.

[120] 马克·格兰诺维特. 镶嵌: 社会网与经济行为 [M]. 北京: 社会科学文献出版社, 2007.

[121] 孟丽君, 黄祖庆, 郭小钗. 二级物流服务供应链的契约协调机制研究 [J]. 运筹与管理, 2014 (2): 107-115.

[122] 庞燕. 跨境电商服务供应链与服务集成商能力的提升 [J]. 中国流通经济, 2019 (9): 64-72.

[123] 秦星红, 苏强, 洪志生. 考虑顾客期望与质量成本的网购物流服务供应链的竞争合作策略研究 [J]. 管理工程学报, 2019 (3): 136-146.

[124] 盛虎宜, 刘长石, 鲁若愚. 震后初期应急物资短缺情景下的定位—路径问题研究 [J]. 运筹与管理, 2019 (6): 41-47.

[125] 宋华. 新冠肺炎疫情对供应链弹性管理的启示 [J]. 中国流通经济, 2020 (3): 11-16.

[126] 宋华, 于亢亢, 陈金亮. 不同情境下的服务供应链运作模式: 资源和环境共同驱动的 B2B 多案例研究 [J]. 管理世界, 2013 (2): 156-168.

［127］宋英华，苏贝贝，霍非舟，等. 考虑动态需求的应急物资配送中心快速选址研究［J］. 中国安全科学学报，2019（8）：172-177.

［128］宋志刚，赵启兰. 物流服务供应链的研究：从供应到需求的视角转变［J］. 商业经济与管理，2015（3）：14-22.

［129］孙晋怡，周岩，曲箫宇. 考虑质量和延保服务的多产品供应链网络均衡［J］. 计算机集成制造系统，2020（1）：1-18.

［130］锁立赛，姚建明，周佳辉. 引入整合风险的服务集成商模式农村末端物流资源整合［J］. 运筹与管理，2021（2）：61-67.

［131］田宇. 物流服务供应链构建中的供应商选择研究［J］. 系统工程理论与实践，2003（5）：49-53.

［132］晚春东，秦志兵，吴绩新. 供应链视角下食品安全风险控制研究［J］. 中国软科学，2018（10）：184-192.

［133］王传涛. 突发事件下供应链渠道博弈与优化研究［D］. 北京交通大学博士学位论文，2011.

［134］王道平，张博卿. 联合促销和风险规避下应对突发事件的供应链协调策略［J］. 控制与决策，2017（3）：498-506.

［135］王莉，周鲜成，赵志学，等. 应急车辆分配与应急物资配送的集成决策［J］. 中南大学学报（自然科学版），2018（11）：2766-2775.

［136］王谦，谢春雨，崔怡雯. 非对称信息下报童问题的质量激励研究［J］. 管理评论，2018（6）：227-237.

［137］王彦伟，宋林. 供应链突发事件应急管理策略与仿真分析［J］. 统计与决策，2019（10）：51-55.

［138］王宗光，朱炳晓，廖世龙. 契约协调下第三方物流企业道德风险研究：以生鲜供应链为例［J］. 经济与管理，2019（2）：23-31.

［139］乌尔里希·贝克. 风险社会［M］. 南京：译林出版社，2004.

［140］谢家平，梁玲，杨光，等. 互补型闭环供应链的收益共享与成

本共担契约协调优化［J］.中国管理科学，2018（8）：94-105.

［141］邢鹏，何天润.三种运营模式下 O2O 外卖服务供应链质量努力策略研究［J］.中国管理科学，2020（3）：1-13.

［142］徐磊.供应链突发事件产生机理与扩散机理研究［D］.长安大学博士学位论文，2011.

［143］徐小峰，刘靖.多阶段并发的协同物流网络任务—资源集成调配模型［J］.运筹与管理，2018（7）：43-48.

［144］鄢飞.横向公平偏好对物流服务供应链协同运作的影响［J］.公路交通科技，2017（4）：139-145.

［145］杨康，张仲义.基于复杂网络理论的供应链网络风险传播机理研究［J］.系统科学与数学，2013（10）：1224-1232.

［146］翟佳，于辉，王宇，等.互惠利他偏好下的供应链鲁棒协调策略［J］.系统工程理论与实践，2019（8）：2070-2079.

［147］张翠华，李春雨，施全杰.需求更新下考虑参照依赖的网购物流服务质量控制研究［J］.工业工程与管理，2020（1）：101-109.

［148］张广胜，刘伟.基于复杂网络理论的物流服务供应链网络脆弱性机理研究［J］.商业经济与管理，2016（12）：19-27.

［149］张广胜，刘伟.考虑价格风险的物流服务供应链能力组合采购决策［J］.计算机集成制造系统，2019（8）：2109-2118.

［150］张广胜.面向需求降低的物流服务供应链风险补偿策略研究［J］.公路交通科技，2020（2）：137-145.

［151］张建军，赵启兰.产品供应链与物流服务供应链协调发展研究：一个研究框架［J］.当代经济管理，2019（2）：31-37.

［152］张建军，赵启兰.两级物流服务商参与的供应链最优决策与利益分配研究：基于多种合作模式视角［J］.商业经济与管理，2019（6）：15-29.

［153］张敬，康凯，魏旭光，等.制度环境、风险感知对供应链网络治理模式选择的影响研究［J］.管理评论，2020（1）：275-285.

［154］张雷.基于优先等级的震后应急物资 LRP 优化决策模型［J］.系统科学与数学，2017（2）：491-501.

［155］张宁，刘春林.应对供应链突发事件风险的企业协作应急策略［J］.商业经济与管理，2011（3）：17-23.

［156］张雪梅，周根贵，曹柬.考虑政府规制和供应链协调的再制造微分博弈模型［J］.计算机集成制造系统，2021（7）：2095-2111.

［157］赵海峰，何青，Edison TSE.考虑采购资金约束的物流服务能力采购决策［J］.管理科学学报，2017（5）：102-110.

［158］甄德云，曹富国.守正与创新：应对重大突发公共事件的政府采购制度的反思与重构［J］.财政研究，2020（4）：35-43.

［159］周健，石德晓.基于中断—应急的集成弹性供应链网络［J］.浙江大学学报（工学版），2018（2）：240-246.

［160］朱洪利，周泓，孔继利，等.需求干扰下的两阶段应急资源调度问题［J］.中国安全生产科学技术，2018（5）：67-74.

后 记

　　《物流服务供应链风险协调机制——基于供给、运作与需求的全过程视域》终于即将付梓了！本书的正式出版离不开各位亲人、师友、专家、同人的帮助及国家政策之扶持。正因如此，在拙作行将付梓之时，思绪万千，确是情之所至，如今以后记方式记录，用以展现自己的心路历程与至诚所悟。时值暑假，作为父亲白天必须要履行家庭的责任和义务——陪娃，在孩子睡后，夜深人静时，我才能静下心来进行写作，而此时此刻往往能更容易地深度思考、更正确地看待诗和远方、更准确地感受内心种种的一切！

　　学术专著的撰写漫长而艰辛，本书写作历时两年而成，经过专业聚焦与不断修正，在付梓之际吾心终定，自己一段时间的学术工作总算完成。此刻，内心深处呈现的感慨良多：一是对硕博阶段两位授业恩师的感恩之情；二是对始终如一支持我工作的家人的感激之情；三是对所有关心、支持与鼓励我的良师益友的感动之情；四是对经济管理出版社襄助校对的感谢之情。此书便是献给他们，感谢他们给予我的强大力量共同促成我对物流与供应链持之以恒的学术探索。

　　由于个人学术兴趣和物流供应链理论创新需要等因素，我持续开展物流服务供应链管理方面的学术理论研究，博士期间跟随导师有幸进入了物流服务供应链领域，并在相关期刊刊发一系列成果，并且在该领域不断精进拿到了本人科研的"第一桶金"。本书就是国家社会科学基金资助项目（隶属应用经济学科）的阶段性成果。我想，在此与各位读者分享，是什么驱使我进入了物流服务供应链风险领域。然而，正是这种孜孜以求的学术认识、理想和追求，驱使我不满足于已经取得的学术成果，必须不断深化、丰富学术领域并得到相关专家的认可或批评指正。各位同人在繁忙工作期间也给本书提出了诸多中肯建议，值此表示谢意！

最后，分享一下我在一路学术追求中的心得体会——大道至简。在全心撰写本书的这段时间，我深刻明白了一个道理：当以学术志业作为幸福之源时，虔诚的心便成为最强的内驱力。

是为后记！

张广胜

于二〇二二年七月三十一日午夜时分